叢書・ウニベルシタス　1001

なぜ哲学するのか？

ジャン＝フランソワ・リオタール
松葉祥一 訳

法政大学出版局

なぜ哲学するのか？　目次

凡例

一、本書は Jean-François Lyotard, *Pourquoi Philosopher ?*, Presses Universitaires de France, 2012 の全訳である。

二、原文で強調のためにイタリックとなっている箇所には傍点を付す。書名の場合は『　』とする。大文字で始まり強調されている語は〈　〉とする。

三、原文の « » は「　」とする。原文の［　］は訳文でも［　］とした。〔　〕は訳者が読者の便宜を考慮して新たに挿入したものである。原語を補う場合は（　）を用いる。

四、「編者注」に記されているように、原書には注はない。注はすべて訳注である。

五、原書での引用については、邦訳あるものはそれを参照しつつも、原著者の引用の文脈を考慮し、訳者があらためて訳し直したり、変更した場合がある。

刊行者による謝辞

小社は、本書を作り上げるにあたっての惜しみないご協力に対して、ドロレス・リオタールとコリンヌ・エノドー、およびジャック・ドゥセ文学図書館（とくに主任司書のマリ＝ドミニク・ノベクール・ムタレッリ）にお礼を申しあげたい。

序文

コリンヌ・エノドー

哲学は、知恵や知識を望むわけでなく、真理を教えてくれるわけでも、とるべき行動を教えてくれるわけでもない。哲学は、誰を煩わせることもない孤独のなかで、哲学とは何か、存在するものは何かを問うことに疲れたのだと言う人もいるだろう。せいぜいのところ、哲学は、財産の拡大に役立つアイデアや、まったく違う社会制度の夢を、あるいは形而上学的な慰めの阿片を、ときどきもたらしてくれるだけだというわけである。したがって哲学者とは、人類が歴史の流れとともに運んできた、毒にも薬にもならない、おしゃべりな変人たちだということになる。確かに彼らは世界を解釈することはできるが、家のなかにいて、けっして世界を変えることはないだろう。したがって、哲学者たちの言葉が途絶えて静寂に戻っても、世界の顔つきが変わることはないだろう。要するに哲学者は、唯一の導きの糸として喪失（perte）への奇妙なこだわりがあるので、人間のあらゆる活動を蝕んで活動をそれ自体から切り離してしまう喪失を失いたくないという願望、それがなくなると生に釘を刺すことになってしまう欠乏を手放したくないという願望をもっているのだ、というわけである。そこで私たちは、二〇一二年の今、ジャン＝フランソワ・リオタールが一九六四年に行ったように、なぜ哲学するのかと自らに問うことができる。そこには、かつてはどのような動機があったのか、今なお哲学すべき理由はあるのか、あえて意味の裂け目に、ナイーブさに自らを投げ入れるべき理由はあるのか、と。このナイーブさは毎回新たに取り戻され、そのせいで子供っぽいと判断されることになるのだが。ここで問われている問いは、レトリックのように見えるかもしれない。この問いは自己言及的である。というのも、この問いを口にすることによって、実は口にされた問いに答えることになるからであり、いまでも哲学には再開すべき価値があるのかと自らに問うとき、ひとはすでに哲学し始めているからである。しかし、中断を気にしつつ語らなければならないのが言語の運命であり、いま調べている眠気や死を生体内で《イン・ヴィーヴォ》否認することが目覚めと生の運命である。われわれは、喪失のおそれのなかで話し、行動し、生きるのと同じように、不在が現前したり現前に不在の穴があいたりする円環から抜け出せないだろう。というのも、リオタールが教えてくれるように、自分を打ちのめすために言葉のないデータ、欠けのない充溢、夢のない夜を望むことは、野蛮ではないからである。したがって、「われわれの言葉によって欠如の現前を立証すること」を避けられないという唯一の動機から、ひとは哲学することになる。

『アウグスティヌスの告白』を未完成のままにして一九九八年に亡くなったこの人物は、生きていればおそらく、意味を形作っている未完成性に専念していたであろう。それが思考の支点であり傷であり、火傷であり、支えだったのである。『言説《ディスクール》、形象《フィギュール》』[*1]は結論づけることを拒否すると宣言していたし、『文の抗争』[*2]はパラグラフのつながりをぶっきらぼうな章番号によって中断していた。リオタールの各著作が、その対象のなかに、書き方のなかに、他の著作とのずれのなかに、分離を組み込んでいる。一九六四年以来の彼の確信は、哲学の種を植えつけることができるのは、不在にとりつかれたときだけであるということであり、そこには、他の人びとにその種をうつし、「債権法」や返済不可能な債務を教えようとする逆説的エネルギーが見出されるということであった。著作によってこの種を蒔くことになるが、リオタールの場合、激しい教育が、すなわち問うことと教えることと闘うことが切り離せない教育が、それ以前にまた同時にあった〔リオタールは、一九五〇以来、アルジェリアの高校で哲学を教えると同時に、解放運動に関わった。フランス帰国後も一九六六年まで、批判的マルクス主義者のグループ「社会主義か野蛮か」に参加した。「訳者解説」参照〕。意味作用や実体性の代わりに断層に注意を向けるということがすでに、言葉を貫いているのが他者やさらには事物であることを前提にしており、他者や事物によって社会全体に統一性が失われ、対立が意味の統一性を分裂させることを前提にしている。もし議論を混乱させ、行動を妨害し、熱情を失わせる他者や事物がなければ、欠乏が現実に起こって人間世界を形作ることはけっしてなく、この世界が欠乏について反省するためにつまり哲学するために言葉を求めることもないだろう。しかし、もし空虚を満たすことだけが問題なのであれば、哲学はそこに非人間的な世界を、調和のとれた形而上学的な夢を作り上げることもできるだろう。その場合、哲学は、絶対的ロゴスのなかに、逆説的にも自分が結びつけているものから切り離されたままの見えざる〈全体〉の蜃気楼のなかに閉じこもる。リオタールによれば、それこそイデオロギーにほかならない。それは、自律的であるだけに、またそれの出所である欠如を昇華したものであるだけに、そしてまた別の所、越えた所で語るだけに、よりいっそう主張しやすい観念体系である。それはすべての形而上学だけでなくあらゆる理論にあてはまる、貧困な精神の数々をその過度に充実したシステムで満たそうとする自称マルクス主義理論にも。「実践との接触を失う」ことは、革命を目ざすかわりに実体《シュブスタンス》について語ることではなく、革命と実体を二つの解決策とすることであり、終焉《ファン》＝目的は最初にあると主張することであり、意味《サンス》はつねに自由にふるまっており、意味は自分の現状とこれからどこに向かうのかを知っていると主張することである。なぜならこの意味を述べる声は、もはや沈黙の離反について何もとらえられないからである、意味はこの離反のうちに自分自身を探すのだが。公言《プロフェッセ》＝告白すること――少なくとも信仰でも科学でもなく哲学が公言すること――は、自らに問い、他者に問いかける問いがなければ何ものでもなく、欠如を共有する交流がなければ何ものでもない、この交流において「受動性の逆説的な力」――リオタールの全作品で反復されるテーマ――が行使される。その力とはすなわち、世界が言葉へと到来することを可能にする力、現実がタブローになるために欠けていること、現実がタブローになるために欠けていることについて語ることを可能にする力である。

　リオタールは、学生や聴講者に、彼らが学んだことを忘れることを学んでいないとすれば、彼から何も学んでいないことになると教えることによって、このように教えることになる。一九八四年パリ大学ナンテール校でも同じように述べることになる（『こどもたちに語るポストモダン』に収められた講演のなかで）。[*3] しかし彼自身が、一九六四年、四〇歳にしてすでに、学んだと思っていたことを忘れ始めなければならなくなる。活動家の正統教義は、確かにかつて彼に形而上学を忘れさせ、革命および革命による歴史の解消を望むことを彼に教えたのだが。喪失は革命のなかで抑圧されたとしても自らについて証言していた──あの絶対的欠乏あるは搾取という「過ちそのもの」──が、この喪失を失わずに革命の目的論を捨てることは、やがてウィかノンか、現前か不在かについて、両義的な言語を語らなければならなくなることを学ぶということであり、言いかえればマルクス主義をフロイトによって修正すること、歴史的唯物論を欲動の両価性によって修正すること、社会的和解を欲望の不確実性によって修正することである。要するに、マルクスの声に、ヘーゲル的全体化が奪った力を返すことであり、分離について述べる力を返すことである。社会と社会自身の分離、世界と精神の分離、現実と意味の分離。それだけでなく、フロイトによれば、愛とその対象の分離、一方の性と他方の性の分離、子ども時代と言語の分離。一九六四年には「対立」と名づけられていたこれらすべての分割は、『言説《ディスクール》、形象《フィギュール》』以後は「差異」と明確化され、後には還元不可能な「抗争＝争異（différend）」へとラディカル化されることになる。すなわち、ここでも賃金労働者と資本の間の争異であるが、それだけでなく、まったく別の仕方でユダヤ教とキリスト教の間の争異でもある。リオタールは、「子供時代《アンファンス》」という名で、言葉を浸食するにもかかわらず言葉を要求する暴力的な衝撃にさらされることを、三〇年以上にわたって再検討することになる。

一九六四年当時、どこから手をつけてよいかわからないまま再開しなければならなかった。というのも子供時代というのは、人間のなかで人間が「流れからそれること（dé-cours）、脅威となる可能性のある漂流」（一九八四年の言葉によれば）だからである。リオタールは「マルクスとフロイトからの漂流」[*4]を、彼のいたところから、「途中から」、道半ばから、哲学の半ばから、始める。彼が教えていたソルボンヌと「社会主義か野蛮か」や「労働者の権力」[*5]（短期間）、一九五四年に出版された現象学についての「クセジュ文庫」[*6]、フロイトの読み方を習ったラカンのセミナー、言語学の手ほどきを受けたキュリオリ[*7]のセミナーのなかから始める。これらすべてのなかで彼は、学生たちが統一性の喪失を聞きとれるように、またリオタールのなかにも学生のなかにもある完全性を失った悲しみを掘り下げるように、そして哲学者の責任をそこにつなぎ止めるように、努力するのである。

矛盾した情熱が哲学の言説を突き動かしている。というのも、絶対的孤立のうちに自制していたいという哲学の欲望が、自制していたくないという願いや、世界のなかに潜り込んだ言葉でありたいという願望に裏打ちされているからである。哲学を教えることは、この両義性を作動させることである。しかしこの操作が、ひとを幻滅させる影響力を、幻滅させるがゆえに教育的な影響力をもつのは、哲学の「講義＝流れ」が講義＝流れの一つであるときであり、対話者〔受講生〕たちが自分の物語や問いをもっているとき、途中から始めるときだけである。したがってそれは、課程外の講義＝流れであり、それを準備する系譜の外にある講義であり、その講義は世界内になく（問いによって世界から切り離される）、世界外にもなく（よそですでに語られた言葉のなかにある）、世界に内属している。それは、リオタールが言うように、事物に侵入される距離であると同時に、ものごとを判断できる距離にいる。世界への、すなわち人間世界へのこの「受動可能性（passibilité）」（一九八七年の用語）[*8]がなければ、人間世界にしつこく存在する欠乏がなければ、教育は、確かに称賛に値するが、価値のない金銀細工の見世物でしかないだろう。「哲学には特別な欲望がない〔…〕。哲学にあるのは誰にでもあるような欲望である」。ただし哲学が、哲学や人間の活動全体をとらえるあの飛躍に向かうことを除いてであるがと、リオタールは付け加える。けれども、もし哲学がこのような欲望についての反省で満足したとすれば、思考はまだ負債を返していないことになるであろう。

一九六四年のリオタールにとって、哲学とは実践《プラクシス》でもある。フロイトにとって精神分析が治療でもあったように。重要なのは、〔社会が〕和解するためではなく自己正当化するために、何が社会生活に欠けているかである。マルクスが「プロレタリアート」という名でその構造を取り出した「絶対的欠如」は、それがどれほど耐え難いものであるとしても、既成マルクス主義が主張するのとは逆に「社会が本当に望んでいること」を示していない。したがって、この欲望の不透明性に価値を認め、その沈黙につきあわなければならず、既にそこにあって人間関係に拡張されている暗黙の潜在的意味をあえて明確にしなければならない。リオタールが四回の講義の最終回を「哲学と活動」にあてたのは、欠如に対する哲学の責任が、世界に対する政治の負債と切り離せないからであり、この両者がともに、沈黙を言葉に変え、受動性を活動に変える無謀な賭けを支えているからである。

そこには、同時に二つの確信がある。一方は、メルロ＝ポンティ経由のフッサールの遺産であり、哲学者は沈黙の経験を固有の意味での表現へともたらすという確信である。他方は、マルクスの遺産であり、哲学者は世界を解釈するのではなく、変革するための手助けをするという確信である。この二つの確信は、言葉に関する第三講と、活動に関する第四講で、それぞれ主題化される。第一講は、ラカン経由のフロイトの遺産である、欲望にあてられている。すなわち、現前へのあらゆる関係が、不在を背景にして実現されるという考えである。第二講では、統一性の喪失と、再開された哲学的努力の歴史におけるこの喪失の保持とを練り上げることによって、言葉への欲望と活動とを分節化している。したがって「なぜ哲学するのか」という問いの取り扱いは、正しい順序で示されると、次のように展開される。哲学する理由は、ひとがそれを望むからであり、この欲望が自らの動きについて問うことで裏づけられるからである。この反省の理由は、統一性が、われわれに統一性そのものまで忘れさせるような根源的消失のなかで失われるからではなく、そこでは現実と意味の結びつきがつねにすべり落ち、新たに試みるものの再び失われてしまうような歴史の展開のなかで失われるからである。もしひとが語らなければ哲学することはないであろうし、もしひとが何も語ることができなければ、もし世界の静寂が漫然と語ることを断罪するのであれば、もし世界に内在するロゴスがすべてを語りつくしていて言語にはそれを反復するよう運命づけたのであれば、ひとは何も語らないであろうが。哲学者に語らせるのは、またすでにそこにある意味——哲学者の言説を未完成なものにし、またそれによって真なるものにしている、脱落のある意味——を検証するというあの「受動的な力」を哲学者に与えるのは、「それによって世界が私たちに備給する子ども時代」であり、哲学者によってとらえられた傷である。というのも、世界はわれわれを浸食するが、言葉は世界を表現することによって世界を浸食し、活動は世界を変形することによって世界を浸食することができるからである。ひとが哲学するのは、ひとが世界に曝されているからであり、「言われなければならないことや、なされなければならいことを名ざす責任」があるからである。

もし哲学することが、満たすことなく確かめるだけの欠如によって、なすがままにされることであるなら、もし教育することが自分自身ではわからないことを明らかにすることであるなら、ここでの講義は、パラドックスの取り扱いにおいても、教師然としたものである。実際、学問領域と同じように生活領域を体系的に境界侵犯することが、ここでは、現前と不在のあいだの見えない境界の周囲に、欲望、時間、言葉、活動を結びつけるのに役立っている。おそらくこの授業は、次の著作として七年後に『言説《ディスクール》、形象《フィギュール》』が主題化することになる分裂と比べると、教師然としすぎているだろう。『言説《ディスクール》、形象《フィギュール》』に比べると、一九六四年の枠組みは、欲望をまだあまりにも幸福なものとしており、言葉をあまりにも肉的なものとしており、時間をあまりにも統一されたものとしており、活動をあまりにも熱狂的なものとしていることがわかる。生につきまとう死は、やがて、欠如に適応できなくなり、潜在的意味への信憑のなかに自己抑制していることができなくなり、「形象的な《フィギュラル》」ものの破壊のなかで、あるいは「抗争」を封印する押し殺した声のなかで、自らを際立たせるようになるだろう。やがて行われる見直しがどのようなものになろうと、哲学はさらなる自己正当化を行う。というのも、「ただ、まさにプラトン、カントやフッサールなど、生きている間中このような批判を自分自身で実行し、自分が考えたことを自省し、解体し、再開する哲学者は一人ではない。このことが示しているのは、哲学者の仕事の本当の統一性とは、統一性の喪失から生じる欲望であって、構築された体系や再発見された統一性のなかでの自己満足ではないということの証拠である」。ここで語られていることに反して、再開はゼロから行われるわけではけっしてないこと、また素朴さというのは途方もない願いであること、リオタールは後に、革命の概念そのものについて、これらのことを示すことになる。彼は歴史家との議論のなかで、繰り返し行われる時間の分析と同様、(どのようなものであれ)歴史を物語るということは、脅威的な鎖を解くと同時に抑圧的な鎖につなぐ滑車のもとにあるということだ、と述べることになる。おそらく哲学はそこに、自らの言葉を問うべき理由、自らに固有の規則を探るべき理由、ここでリオタールが述べているように、「みんなをいらつかせる」べき理由を見出すであろう。

編者の注

以下のテクストは、JFL291/2という番号でジャック・ドゥセ文学図書館に保存されていたタイプ打ちの原稿を再録したものである。これは、ジャン＝フランソワ・リオタールによって行われた講演の第二稿であり、続けて出版されることになっていた。ドゥセ図書館には、JFL291/1という番号で、同じテクストの第一稿——しかしリオタール自身が大量の書き込みをしている——も保存されている。このすべての書き込みが変更も修正もなしに第二稿に転記されており、二つの版の差異について注意を促すことは有用でないと判断した。逆に、必要であることが明らかな場合、いくつかのマイナーな訂正（句読点の間違い、引用符の欠け）を行った。同様に、オリジナル・テキストでは簡単な参照で示されている引用を復元した（引用符で示される）〔本翻訳では前後一行空けて「　」で示す〕。この講義の話し言葉の性格を手つかずのままにするために、注はまったくつけていない。

なぜ哲学するのか？

ソルボンヌの教養課程[*9]の学生に行われた四つの講義（一九六四年一〇—一一月）

第一講　なぜ欲望するのか？

みなさんは、哲学者たちが哲学を教える際、「哲学とは何か」という問いを吟味することから始めるのが習いだということをご存じでしょう。毎年、哲学が教えられ、設置されているすべての学校で、哲学の担当者が、それにしても哲学はどこにあり、どのようなものなのかと自らに問うのです。

フロイトは、失敗行動の一つに、「どこかに片付けたはずのものを見つけられない」ことをあげています。哲学者たちがこのように初回講義を繰り返すことは、失敗行動に似ています。私たちは、哲学を見失い、散らばってしまっているので、一から哲学を探し始めますが、たえず哲学を忘れ、その場所を忘れてしまうのです。失敗行動というのは、あるものあるいはそれを意識するための状況を覆い隠してしまうことでもあり、日常生活の筋立ての中断、非連続性なのです。

私たちは、「哲学とは何か」ではなく、「なぜ哲学するのか」と自らに問うことで、哲学が哲学自身と連続していないことを強調し、哲学にとって哲学が存在しないかもしれない可能性を強調しています。大多数の人、みなさんの大多数にとって、哲学は、関心のなかにも、勉強のなかにも、生活のなかにも存在しないでしょう。また哲学者自身とっても、つねに哲学を思い出し、復活させる必要があるのは、哲学が消えてしまうからであり、哲学者の指の間から逃げてしまうからであり、潜伏してしまうからです。では、なぜ哲学しないでいるよりも哲学するのでしょうか。このなぜ（＝何のために）という疑問副詞は、少なくとも、この語を形作っているためにという語によって、たくさんの補語や属詞のニュアンスを示します。[*10] しかし、こうしたニュアンスはすべて、すぐさま同じ一つの穴に、すなわちこの副詞の疑問の意味によって掘られた穴に落ちていきます。この語の疑問の意味は、問われているものに意外な位置を与えます。それは、問われているものが、それではないかもしれない、あるいはもっとはっきり言えば、存在しないかもしれないということです。「なぜ」は、そのなかに、それが問うているものの否定を含んでいるのです。この問いのなかには、問われているものの現実的な現れ（私たちが哲学を事実、現実だととらえていること）と、それが不在かもしれないことが同時に認められます。そこには哲学の生と同時に死があり、哲学を手に入れていると同時に手に入れていないのです。

ところで、哲学の現実存在の秘密は、おそらくこの矛盾した、対照的な状況のなかにあります。この哲学するという活動と、現前‐不在の構造とのあいだの不確定な関係をよりよく理解するためには、足早にではあっても、欲望とは何かを検証することが役に立つでしょう。というのも、哲学には、フィレイン、つまり愛することと、愛していること、欲望することが含まれるからです。[*11]

私は、欲望に関して、テーマを二つだけ示したいと思います。

1——私たちは習慣を身につけています。哲学自身、問題を立てるある一定のやり方を受け入れる限りで、主体と対象、欲望するものと欲望されるものの二元性という観点から見た欲望の問題として、問題を検討する習慣を身につけています。その結果、欲望の問題はたちまち、欲望をそそるものが欲望を引きおこすのか、むしろ逆に欲望が欲望をそそるものを作り出すのか、ある女性が愛しいから愛するのか、愛するから愛しいのかという問いになります。私たちは、このような問いの立て方が、因果性のカテゴリーに依存していること（欲望をそそるものが欲望の原因であるか、その逆であるか）、それが二元論的なものの見方に属していること（一方に主体、他方に対象があって、それぞれが各々の特性を備えている）、そしてこの問いの立て方のせいで本気で問題にアプローチすることが禁じられていること、を理解しておかなければなりません。欲望は、どのようなものであれ因果関係に置くことはありません。むしろそれは、あるものの運動であり、彼自身に欠落しているものへと向かうように他者へと向かうあるものの運動です。このことが意味するのは、他者（もしそう言った方がよければ対象、しかし見かけ上欲望されている対象が本当に欲望されているのでしょうか）が欲望するものに現前するということであり、不在という形式で現前するということです。欲望するものには欠けているものがあり、それがなければそれを欲望することはなく、欠けているものがなければそれを知ることはなく、さもなければそれを欲望することもないでしょう。したがって、主体と対象の概念をとりあげなおすとすれば、欲望の動きは、いわゆる対象を欲望のなかにすでにあったものとして、しかし「骨肉をそなえた」ものとしてではなく示すのであり、またいわゆる主体を、自らを決定し反省するために他者を必要とし、他者や不在によって規定される未完成で無規程な何かとして示すのです。したがって、両側に、同じ矛盾に満ちたしかし対称的な構造があります。「主体」には、それ自身の現前の中心に、欲望する存在の非存在の中心に、欲望されるものの不在、その欠如があり、「対象」には、不在を背景にした現前が、欲望するものへの現前（記憶、希望）があります。というのも対象は、欲望されたものとして、したがって所有されたものとして、そこにあるからです。

2――そこから私たちの第二の主題が出てきます。欲望の本質は、現前と不在を結びつけるこの構造にあります。この結びつきは偶然のものではありません。現前が現前自身にとって不在であるか、現前する不在であるかぎりで、欲望があるのです。欲望は、現前の不在によって実際にかき立てられ、制度化されます。あるいはその逆です。そこにある何かは、そこにはなく、そこにあることを望み、自分自身と一致することを望み、自己を実現することを望みます。そして欲望とはたんに、この現前と不在を混同せずに同時にとらえる力のことなのです。

ソクラテスは、『饗宴』のなかで、マンティネイアの巫女ディオティーマが、愛、エロースの生誕を次のように語ったと述べています。

『話せばなかなか長い話になるのですが』と彼女は答えた『しかし、やはりこれからお聞かせしましょう。アプロディテが生れたとき、神々は祝宴を催したが、そのなかにはほかの神々とならんで、メティスの子ポロスも加っておりました。ところが、神々がその祝宴を終えたころ、大御馳走のあるときの常として、ペニアが物乞いにやって来て、戸口のそばにいました。さてポロスは神酒（ネクタル）に酔って、――というのは、まだ葡萄酒のなかったときのことだから――ゼウスの園に入り込み、酔いつぶれて眠ってしまいました。そこでペニアは自分が困窮しているから、ポロスの子種を得て子をもうけようと企らみ、彼のそばに臥してエロースを身籠ったのです。だからこそエロースはまたアプロディテに従い仕える者となったわけです。つまり、この女神生誕の祝宴のときに生を享け、同時にまた、生れつき美しいものを恋する者であり、しかもアプロディテそのものが美しいものだからです。」(『饗宴』203 b-c, ブリッソン仏訳)〔邦訳『プラトン全集第五巻』鈴木照雄訳、岩波書店、一九七四年〕

ディオティーマを信じるとすれば、エロースの身分や運命は、明らかに遺伝に由来します。

「さて、エロースはポロスとペニアの間の息子であるから、次のような定めとなりました。まず第一に、いつも貧しく、またたいていの人が考えるように華奢で美しい、というようなものでは決してありません。かえって、こわばった身体で、干からびて薄汚く、裸足で、宿無し者、いつも夜具なしで大地にごろ寝をし、大空の下、戸口や道ばたで横になるのです。それというのも、母の性を受けて、常に欠乏と同居する者だからです。しかし他面、父の血を受けて、父同様美しいものとよきものとを狙う者なのです。つまり、彼は勇気があり、勇往邁進し、懸命に努力する者であって、手ごわい狩人、常に何らかの策略をあみ出す者、熱心に思慮分別を求めてこれに事欠かぬ者、生涯にわたり知を愛しつづけ、すぐれた魔術師、妖術師にしてソフィストだからです。また本性、不死なる者としてあるのでも、死すべき者としてあるのでもなく、同じ日のうちに、事がうまく行くときには命の花を咲かせて生きるかとおもうと、またときには死んでいくこともあります。が、父の性のゆえに、再び生き返る。しかしながら、手に入れるものはいつも手の間から漏れ落ちてしまう。だからエロースはけっして困窮もしないが、また富みもしない者なのです。」（『饗宴』203 c-e）

確かにディオティーマの語り、エロース生誕の神話は、とても豊かです。そこから私たちは少なくとも次の点を取り上げることができます。

――まず、エロースがなされたまさにその日に、アプロディテ、つまり〈美〉が、要するにその対象が、世に到来したという主題です。そこには一種の欲望と欲望をそそるものの識別があります。

――次に、エロースの性質が二重であるという考えです。彼は神でも人間でもなく、父親を通して神的なものにあずかっています。その父親は神々の食卓につき、ネクテルの神的な酔いに（飲み物を飲んで）おそわれました。彼は母親を通して死ぬ運命にあります。母親は、物乞いをしており、満足することができません。したがって彼は生と死であり、プラトンは、エロースの人生における生と死の交替について強調しています。彼は不死鳥のようであり、「彼がある晩死んでも朝はその再生を見る」（アポリネール「愛されぬ男の歌」『アルコール』一八）。もう少し前に進めることもできます。欲望が弱いからこそ彼は利発であることを運命づけられていますが、他方で彼の思いつきはつねに失敗に終わります。このことが意味するのは、エロースが〈死〉の法則、〈欠乏〉の法則の下にあるということであり、まさに彼のなかに死があるがゆえに、つねにそこから逃れたいと望み、生を再発明したいと望んでいるということです。

——最後に、欲望は生と死であると同時に男と女だということです。このことが意味するのは、プラトンのテクストのなかでは、生‐死の対比が、少なくともある程度までは男‐女の対比と同一視されているということです。エロースの父親が、欲望において愛をその対象に近づけるもの、両者の結合を象徴するのに対して、母親は貧しさを象徴し、両者を近づけないものを体現しています。このテクストでは、誘惑は男性的であり、嫌悪は女性的です。私たちは今この点を深めることができませんが、少なくともエロースが男性の性をもっているにもかかわらず、実は男性かつ女性であることを覚えておかなければなりません。

フランス精神分析家協会における発表（一九五六年五月、『精神分析』、二号、一三九頁以下）で、ジャック・ラカン博士の弟子であるセルジュ・ルクレールは、ヒステリーの徴候を、言葉にならない問いかけ「私は男なのか女なのか」によって特徴づける一方で、彼によれば、強迫神経症の徴候は、「私は生きているのか死んでいるか」という問いのなかにあることになります。

こうして私たちは、現代の神経症解釈のなかに、ディオティーマがエロースのなかに探った両義性、つまり生の両義性と性の両義性を再び見出します。病気は、この不確実性を明らかにするものとして機能します。患者は、自分をどちらか一方に分類することができず、生にも死にも、男性的なものにも女性的なものにも整理できません。そして病気が私たちに提示してくれるのは、プラトンの現代性を示す証拠だけでなく、いかにフロイト派の研究が哲学の中心問題を反映しているかだけでもありません。それは私たちに、ウィかつノンが、ルクレールが言うように、対比が、その両極が神経症のなかで互いに距離をとっている対比が、われわれの生活を（性生活だけでなく）支配していることを理解させてくれます。また、われわれがものごとの表面、われわれの表面、他なるものの表面、時間や言葉の表面上にいるときでも、それらの裏面がたえずわれわれに現前していることを理解させてくれます。「現前とのすべての関係が、不在を背景にして完成される」（ラカン）。こうして、その結合のなかにこの対立を本質的に含んでいる欲望が、われわれの〈主人〉

なのです。

欲望ということで何を理解しなければならないか、私たちが欲望について語るとき何について語っているか、さらに問う必要があるでしょうか。

みなさんはすでに、私たちがここでさらに次のような一般に通用し受け入れられている考えを捨て去らなければならないことを理解しています。すなわち、他の領域とは別にエロースの領域、性の領域があること、私たちには特定の問題には感情的な生活が、別の問題には経済的な生活が、思弁的な問いのためには知的な生活などがあることを理解しています。確かにこの考えは無から生まれるわけではなく、私たちは後にそれについて説明するよう努力するつもりです。しかし、例えばフロイトの著作が、ご存じのような評価をかつて受け、現在でも受けているのは、それがどこにでも性を書き入れたからではまったくなく——それでは、一部のマルクス主義者たちが行ったように、どこにでも経済を書き入れるのと同じく、説明力をもちません——、性生活を隔離状態《ゲットー》から連れ出したことによって、性生活が感情生活、社会生活、宗教生活とコミュニケーションをとり始めたからです。それは、他の活動をリビドーに還元することによってではなく、行動の構造を深めることによってであり、おそらくあらゆる行動に共通の象徴体系を明らかにし始めることによってです。

欲望と、魅力／反発の対比との関係という私たちのテーマに限っても、このことは数多くの例によって証明できるでしょう。例えば、手始めにエロースのテーマの近くにとどまるとすれば、またみなさんのなかでも最も文学的な人たちに関心をもってもらうために例をあげるとすれば、プルーストが「消えたアルベルティーヌ」のなかで語っているのがまさに欲望です。ただそれは特異なしるしをもった欲望であり、たそがれ期の欲望、〈貧しさ〉の息子としてのエロースであり、欲望における死の重みです。プルーストが記述し分析しているのは、別離の絶頂、繰り返される別離です。アルベルティーヌの死による別離に、マルセルの嫉妬が引き起こしたマルセルと存命中のアルベルティーヌの別離が加わります。アルベルティーヌの死によって、哀悼という、特異な欲望の規定がつくり出されます。けれどもそれによって欲望が消えることはありません。というのも、嫉妬によって亡くなった女性に疑いをかけ続けるからです。ところで、嫉妬自体、生きている女性を亡き者にすること、その現前を遠ざけることです。私は、現前している女性の背後に、同じ、、、別の女性を見るのです。すなわち私は、彼女の現前を否認し、私が知らない彼女の似姿を作り上げるのです。すでにマルセルの嫌疑のせいで現前するアルベルティーヌは不在だったのですが、死による不在によって倍加され、これがアルベルティーヌの執拗な現前によって維持されるのです……。

これが、もしこう言った方がよければ、直接的で近づきやすい欲望の例です。しかし「消えたアルベルティーヌ」全体、さらには『失われた時を求めて』全体が、これと同じような、たそがれの光のなかに位置づけられていることは明らかです。すなわち、生身で抱くことができなくなった女性だけでなく、崩壊しつつある社会、時代のせいで無視できなくなった別の社会、そして何よりも瞬間瞬間をまとめておくよりもむしろ分散させる時間です。このたそがれを、つまりおそらくプルーストが同書で私たちに与えようとした教えを脇に置いておいて、そのテーマの一つである、みなさんのなかの史学科の方の多くが敏感であるだろうテーマ、歴史と社会もまた魅力と反発の二者択一を含んでいるというテーマ、したがって歴史と社会も欲望に依拠しているというテーマを取り上げることにしましょう。

というのも、少なくとも西欧の歴史を、多くの社会的単位（個人、あるいは例えば社会階級といった集団）が結びつきを求めたり失ったりする矛盾した動きとして読むことは、それほど大胆なことではないからです。この歴史は、これまでのところ、社会と社会の間と同じようにそれぞれの社会のなかでも、分散と統合の二者択一によって特徴づけられてきました。そして、この二者択一は、欲望の二者択一と根本的に同質です。エロースが貧しさに陥らないために父親を通じて神々から受け継いだ完全な巧妙さを必要とするのと同じように、文明は、死つまり価値の貧しさに陥る危険があり、また社会はその諸部分間でコミュニケーションの分断が中断する危険があるので、既得のものは何もなく、文明も社会もつねにとらえ直される必要があり、ポロスの息子のディオティーマが述べるように、「全力で前進する」跳躍のなかに取り集められる必要があるのです。私たちは、社会性や歴史性を有している限りで、死を背景にして生きていると同時に欲望に属しているのです。したがって、私たちは、欲望という語によって、これらの文明や社会とという項を分離すると同時に統一している関係、一方が他方のなかにあると同時に互いに外にあるという関係を理解しなければならないことは明らかです。

今や私たちは、哲学に向かい、欲望から引き出した二つの性格を哲学について検証することで、哲学がいかにフィレイン、愛であるかをよりよく理解できると思います。

『饗宴』の最後で、酔ったアルキビアデスは（そして彼自身が述べているように、真理は酒のなかにあります）、彼が添い寝に行ったソクラテスに対して、賞賛を口にします。この人物像についての断片は、なぜ哲学するのかを理解しようとしている私たちとって、注意を払う価値があります。それはアルキビアデスが次のように語る一節です。ソクラテスが美しい若者の仲間を熱心に探していたので、アルキビアデスはソクラテスが自分を愛していると確信して、ソクラテスに身を任せる機会を作るよう決心します。するとソクラテスは、その機会を前にして、自分たちの状況を次のように説明します。ソクラテスは言います、要するに君は僕のなかに君よりも並外れた、別の秩序の、隠れた、精神的な美しさがあると思ったのだ。そして君は交換したいと思っており、僕の美を手に入れるために君の美を与えたいと思っている。君が推量しているその隠れた美しさを私が本当にもっていさえすれば、それは君にとってすばらしいことだろうがね。ただそれは確かではない。僕たちはそれについて一緒に考えないといけない。アルキビアデスはソクラテスが進展を受け入れたと理解し、彼に外套を投げかけ、彼の側に滑り込みます。ところが、とアルキビアデスは語ります、一晩中何も、「父や兄といっしょに寝たとき」以上の変わったことは何も起きなかった、と。そしてアルキビアデスは付け加えます。「だからぼくには、まったくの話、憤慨してこの人との交際を断つすべもなく、そうかといって、この人を自分の方に連れてくるてだてもまた見つからなかった。[…]だから、ぼくは途方に暮れた。そしてほかの誰からも唯一うけたこともないほどの隷属を、ぼくはこの男から受けてうろつきまわった」(『饗宴』219 d-e)。

このアルキビアデスの物語によって、私たちはゲーム、欲望のゲームを説明することができます。そしてそれは私たちに得難い純粋さで、ゲームにおけるこの哲学者の立場を明らかにしてくれます。もう少しくわしく確かめてみましょう。

アルキビアデスはソクラテスが自分を愛してくれていると思っていますが、実はアルキビアデス自身が「彼の知っていることは何でも語ってくれる」（217 a）ソクラテスを手に入れたいと欲していたのです。アルキビアデスは交換を提案します。彼はソクラテスの寵愛を受け入れ、それと交換にソクラテスは知恵を提供するというわけです。

こうした戦略で攻められたとき、ソクラテスはどうするでしょうか。彼はこの戦略を無力化〔＝中立化〕し、以下で見るように、かなり両義的な切り返しをするのです。

ソクラテスはアルキビアデスの提案を断らず、彼の論法に反論もしません。当然ながら少々うぬぼれた、ソクラテスがアルキビアデスを愛しているという仮説をちゃかしもしません。交換計画に対する憤りもありません。アルキビアデスの「取引感覚」を疑う皮肉が少しあるだけです。

ソクラテスが行うのは、この「金取引」を問うことだけであり、どこに金があるのかと声高に自問することだけです。それだけです。アルキビアデスは、目に見えないソクラテスの知恵と、目に見える自分の美しさを交換することを望みます。彼は大きな危険を冒しています。というのも、もし知恵がなければ、彼はその好意の見返りに何も手にできないことになるからです。この金取引は、引き分けか倍かの賭けではなく、よくて引き分け悪ければ文無しの賭けなのです。これは向こう見ずです。

ごらんのように、ソクラテスはまるで自分の手札を見せた後にアルキビアデスの手札を手に取り、彼にこの手札では絶対に勝てないこと、状況は現金取引ではなく信用取引か伝票取引であること、その際ソクラテスには間違いなく支払い能力がないことを明らかにしているかのようです。ソクラテスは手札を見せるのですが、まさに「手になっていない」のです。アルキビアデスの戦略に対して、その戦略が美と知恵の交換に基づくものである以上、そしてソクラテスが対価を払うことは保証されないと宣言した以上、もはや何も起こりえないのです。けれどもアルキビアデスは、この宣言を策略だと解釈し、それゆえ今回は言葉ではなく動作によって最初の提案を繰り返します。ところが、彼が外套の下で出会ったのは愛人ではなく、彼が言うには、父親だったのです！　したがってソクラテスは静観したままであり、アルキビアデスは間違ったままなのです。

私たちは、再びアルキビアデスがソクラテスの態度を自分の態度よりすぐれた戦略だと解釈するとき、彼が物語の終わりまで間違ったままでいることがわかります。彼は哲学者を征服したいと思ったのですが、征服されたのです。哲学者を支配すること（というのも、彼は、彼自身の美とソクラテスから得た知恵とを、両方とも手に入れることになるからです）を望んだのですが、しかし彼は結局、哲学者の奴隷になるのです。ソクラテスは彼よりも抜け目がなく、彼を手に入れるのです。アルキビアデスが最初ソクラテスと自分自身に割り当てた役割は、今や逆転しています。愛人はもはやソクラテスではなくアルキビアデスなのです。

彼はまさにソクラテスの横で寝ているにもかかわらず、ソクラテスの前でまるで彼が物語る夜にすでに起こったことであるかのように物語を語ることで、最初の提案を申し出たときと同じ過ちを繰り返すしかなかったのだとさえ言えるでしょう。

彼はもう少し、しかし同じ戦略にこだわって前進します。彼はソクラテスに、自分が完全に負けたこと、防御できないこと、したがって危険がないこと、そして今度は本当にソクラテスが恐れることは何もないこと、交換することですべてが手に入ることをわからせようとします。それは、五万という言い値を受け入れない頑固な買い手を追いかけて、「おもちなさい。五万五〇〇〇で手放しましょう」と言っている絨毯商人のようです。

しかし思わずしてしまったこの比較によって、私たちは反省をうながされます。それは本当にアルキビアデスの側の間違い、過ちなのでしょうか。それともアルキビアデスは、最初の手順を繰り返すことによって、ソクラテスのゲームの裏をかいているのではないでしょうか。結局のところ、奴隷は主人の主人です（ヘーゲル）。そして、相手をとらえることによって勝てないなら、自らを差し出すことによって打ち負かすというのがゲーム、最善の恋のゲームなのです。実際、アルキビアデスは、ゲームを、彼の指図通り、うまくプレイします。というのも最終的にソクラテスが失敗するからです。ソクラテスは、アルキビアデスに提案した無力化（＝中立化」をアルキビアデスに受け入れさせることができなかったのです。

では、哲学者は何を望んでいるのでしょうか。彼が知恵をもっているかどうか自信がないと宣言するとき、それはもっぱらアルキビアデスをさらに執着させるためだったのでしょうか。ソクラテスはたんに、より洗練された誘惑者、相手の論理に入りこんで、見せかけの弱さという罠を仕掛ける狡猾なプレイヤーなのでしょうか。アルキビアデスはそう思っていましたし、今述べたようにアルキビアデス自身そうしようとしていたのでした。アテネの人びとも同じように考え、ソクラテスにはアテネ人たちの活動や徳、宗教、国家を問うこと以外の目的はないという言い分に納得せず、ソクラテスが外套の下に隠して新たな神々を導入したのではないかと疑って、彼の死刑を決めることになります。

ソクラテスは、アルキビアデスを始めとする他の人びとが何を考えているのかよくわかっています。しかし彼自身、自分が彼らより優れたプレイヤーだとは思っていません。彼がしたように自分には知恵が欠けていると宣言することは、彼にとって策略ではありませんでした。逆に、この策略だという仮説こそ、どれほど知恵が欠けているかを立証しています。なぜなら、その仮説が素朴な策略のなかで前提にしているのは、哲学者は本当は知恵をもっているということ、そして哲学者はうまく考えさせる＝陰謀をたくらむ（この語［intriguer］の二つの意味で）ために逆のことを言うものだということだからです。ところで、ソクラテスには交換したり転売したりすることのできる知恵があると信じることこそ、この仮説のばかげているところです。

ソクラテスにとって、アルキビアデスの論理の無力化［＝中立化］が、求める唯一の目的です。というのも、もしそれがうまくいったとすれば、アルキビアデスは次のような理由で知恵が交換の対象ではないことを理解したことになるからです。それは、知恵があまりにも得難いものなのでそれに見合うものが見つからないからではなく、知恵がけっして自分に自信をもてず、つねに見失われ、つねに不在の現前を探し直さなければならないからであり、とりわけ知恵自身、交換の意識であり、意識的交換であり、対象がないことの意識ですが、たんなる交換だからです。ソクラテスは、知恵を所有、もの、*res*〔もの〕とするアルキビアデスの論理——アルキビアデスのものであり、アテネ人のものでもある事物化の論理――を失効させることによって、この反省をうながそうとするのです。

しかし、彼は会談を打ち切ることはできませんし、共同体やゲームから手をひくこともできません。なぜなら彼にはこの不在を他の人びとに認識してもらう必要があるからです。ソクラテスは、すべての人に反して一人だけ正しいことが、正しいことではなく、間違っていること、ばかげたことだということをよく知っていました。彼は、アルキビアデスの攻撃を前にして彼自身の空しさや空虚の穴を開くことによって、アルキビアデスのなかにも同じ空虚の穴をあけようとしたのです。すなわち、告発者たちに向かって、彼の知恵のすべては、何も知らないこと、それでもなお反省をうながしたいと思っていることだと述べることによって。そして私たちは、これがまさにソクラテスの論理であること、他の人びとのゲームのなかでの彼のゲームであることについて、十分な証拠を手に入れたように思います。だからこそ、彼はドクニンジンの杯を飲むことを受け入れたのです。というのも、もしかりに彼が、相手をよりよく服従させ支配するためだけにまごつかせたのであれば、彼が死を受け入れることはなかったであろうからです。彼は、喜んで死ぬことによって、実は彼に失うものは何もなかったこと、そのゲームのために何ももっていなかったことを、彼らに考えさせようとしているのです。

哲学者が望むのは、欲望が確信《コンヴァンキュ》に満ちたものであったり敗北《ヴァンキュ》したものであったりすることではなく、欲望が屈折《アンフレシ》したものであったり反省的《レフレシ》なものであったりすることです。他の人びとは知らないのに知っていると思い込み、知っていると述べるのに対して、哲学者は知らないということを知っていると言い、そのために死ぬことになったとしても、要求のなかには、例えばアルキビアデス要求のなかには、それが要求していることより以上のものがあり、このプラスはマイナスであり、まったくの無であること、また欲望の可能性そのものが実は不在の現前を意味すること、そしておそらく知恵というものがすべからくこの不在に耳を傾けること、不在の近くにとどまることにあることを、証言しようとします。アルキビアデスは（みなさんや私も）、知恵を求めるのではなく——それは馬鹿げています——、なぜ自分が求めるのかを求めた方がうまくいったでしょう。哲学することとは、知恵を欲することではなく、欲望を欲望することなのです……。それゆえ、アルキビアデスが迂回させられた道はどこも通じておらず、ハイデガーなら杣道（*Holzweg*）と言うでしょう。「森番なら戻って来る森、森の外れまで続く径」[*12]。この径をさかのぼってください。それはあなたを森のなかに置き去りにするでしょう。

このことは、ソクラテスが愛していなかったということを意味するわけではありません。先に申し上げたように、彼はアルキビアデスの美しさが望ましいことを一度も否定していません。彼は、情熱からの離脱、禁欲、俗世から遠く離れた離脱を推薦しているわけではまったくありません。逆に、哲学には愛があります。愛は哲学の源泉であり、その方策です。しかし哲学は、愛の〈貧しさ〉のなかにあるのと同じように、愛のなかにあるのです。

哲学には、特別な欲望がありません。哲学とは、ある主題についての、あるいは独自の領域のなかの思弁ではありません。哲学にあるのは多くの人と同じ情熱であり、ヘーゲルが述べたように、哲学は時代の娘なのです。しかし、もし私たちが最初に「他のものをもつのと同じように、哲学をもつのは、欲望である」と言っていればすでに示されたことともっとうまく一致していたと思います……。哲学者とは、目を覚まして、「彼らは神のこと、あるいは歴史のこと、空間のこと、存在のことを考えるのを忘れてしまった。私がやらなければ！」と自分に言い聞かせる紳士ではありません。このような状況が意味するのは、哲学者は自分の問題を作り出しているのだということであり、もしそれが本当なら、哲学者が言いうることのなかに、誰も自分を見出さないでしょうし、本質を見出さないでしょう。しかし、哲学の言説と世界に起こったこととの間の何世紀にもわたる派生関係はただちに明白だというわけではないとしても、私たちはみんなソクラテスのアイロニー問答法や、プラトン的対話。デカルト的省察、カント的批判、ヘーゲルの弁証法、マルクスの運動が、私たちの運命を今でも決定しており、私たちの現在の文化的土壌に重なり合い、厚い層をなしていることを知っており、私たちはこうした哲学の語り方のそれぞれが、西欧が、自らの言説のなかで語り理解しようとしてきたモーメントだったということを知っています。私たちは、この自己についての言葉、この自己との距離が、西欧の文明にとって表層的、付随的、二次的なものではなく、むしろその核心、差異であることを知っています。そして最後に私たちは、こうした過去の哲学の数々が消滅していないことを知っています。というのも、われわれはそれらを理解し、それらに答えようとし続けているからです。

哲学者たちは自分たちの問題を作り出したわけではなく、少なくとも一人で喋るという意味で常軌を逸しているわけでもありません。哲学者たちはおそらく常軌を逸しているのでしょうが、それは「彼らを通してそれ《エス》が望んでいる」という別の意味、つまり彼らがウィとノンに取り憑かれ、住み着かれているという意味であり、それは他の誰とも同じです。それは、ここでもまた切り離されたものを一緒にしたり、対をなすものを離したりする欲望の動きであり、哲学を貫くのはこの動きであり、ひとが哲学するのは、この動きに対して自らを開くことによってであり、この動きに対して自らを開くためです。ひとは、非常に異なるアクセス方法で、この動きに負けたままでいることができます。例えばひとは、二たす二が四になる、あるいは男と女が対《カップル》になる、多くの個人が社会になる、たくさんの瞬間が持続になる、語の継続が意味をなす、行動の連続が人生になるといった事実に敏感でいることができます――そして同時に、これらの結果がどれも既得のものではないこと、これらの対や時間の統合、言葉や数の統合が、統合を形作る要素のなかに埋もれたままであり、それらの運命次第であるということです。要するに、哲学することは、どこであれ方位板の頂点から出発して私たちの上で融合することができるのです。

したがって哲学者に固有の欲望はありません。アランは言っています。「哲学にとって、それが未知のものでありさえすれば、あらゆる素材が適している！[*13]」しかし、哲学者に特有の、欲望との出会い方があります。今や私たちは、この特異性を知っています。哲学とともに、欲望は屈折し、反省し、自らを欲望するのです。その際、欲望は、なぜ欲望するのかという問いを生じます。なぜ二であるものは一つになることを求めるのか、またなぜ一であるものは他を必要とするのか。なぜ統一性《ユニテ》が多のなかに広がっているのか。またなぜ多は統一性によって中断されるのか。なぜ統一性はつねに分離のなかで与えられるのか。要するに、なぜ統一、直接的な統一はなくて、つねに他者を介した一者の媒介があるのか。なぜ分離すると同時に統一する対立が、すべての支配者なのか。

こうして「なぜ哲学するのか」という問いに対する答えは、「なぜ欲望するのか」という避け難い問いのなかにあることになります。欲望すなわち哲学は、他のどの欲望にも劣らず抑えがたいものですが、その運動そのもののなかで、自らを二重化し、自らを問います。他方で、哲学が事物に向かって問いを発するのは、現実以外のところからではありません。そして、この哲学することが欲望に内在していることは、*sohia*（知恵）という語の語源に注意すれば、語の起源から姿を現しているように思えます。*soph-* の語源は、ラテン語の *sap-* や *sapare* の語源、フランス語の「知（savoir）」や「味わう（savouer）」の語源と同じです。*saphon* な人とは、味わうことができる人のことです。ところで味わうことは、ものごとを玩味することと同時に距離をとることを前提にしています。ものごとに侵入され、ものごとと混ざり合い、それと同時にものごとについて語り、判断するために、それを離しておくことになります。ものごとは、この内部の外部、つまり口（それは言葉の場所でもあります）のなかに保たれます。哲学することは、欲望の動きに完全に従うことであり、そのなかに含まれることであり、同時にその流れから出ることなくその動きを理解しようとすることです。

したがって、最初のギリシア哲学が、奇妙にも先ソクラテス期の哲学者たちと呼ばれている人びとによることは偶然ではありません。それは、トルテカ人[*14]やアステカ人、インカ人たちがコロンブス以前の人びとと呼ばれるのに少し似て、あたかもソクラテスが哲学の大陸を発見したかのようであり、この大陸が力と華やかさを十分に備えた思想によってすでに占められていたことに気づいたかのようです（モンテーニュが、インディアンの首都であるクスコやメキシコについて語ったように[*15]）。したがって、この最初期の哲学が、ソクラテスやわれわれの時代の意味での哲学ではないような、一と多の問題つまり欲望の問題に取り憑かれたのは、また同時にロゴスの問題、言葉の問題つまり欲望の欲望自身についての反省の問題に取り憑かれたのは、偶然ではありません。それは哲学することが欲望に身をゆだねることだからですが、それは欲望をとりまとめながら、このとりまとめが言葉と対をなしているからです。

今日のところ、「なぜ哲学するのか」と問われたとすると、私たちはやはり次のように問いながら答えることができるでしょう。「それにしても、なぜ欲望するのか。なぜ、あらゆるところに他者を探す同一者の動きがあるのか」。そして私たちはやはり、よりよい答えを待ちながら次のように言うことができるでしょう。「それ《エス》が欲望したから、私たちは哲学するのである」、と。

第二講　哲学と起源

ヘーゲルは、青年期の著作『フィヒテとシェリングの哲学体系の差異』（一八〇一年）[*16]のなかで、次のように書いています。「統一する力が人間の生から失せ、対立項が、それらの生き生きした関係と相互作用を失って自立的になったとき、哲学の要求が生ずる」（Lasson I, 14）〔邦訳、一七頁〕。

ここには、「なぜ哲学するのか」という私たちの問いに対するとても明快な答えがあります。統一性が失われたから哲学する必要がある。哲学の起源は、一者の喪失であり意味の死である、というわけです。

ただ、なぜ統一性は失われたのでしょうか。なぜ対立するものは自律的になったのでしょうか。どのようにして人類は、統一性のなかを生きていたにもかかわらず、ヘーゲルが同じ節で述べているように、人類にとっては世界や人類自身が一つの意味をもち、有意義だったにもかかわらず、この意味を失うことになったのでしょうか。何が起こったのでしょうか。どこで、いつ、どのように、なぜ。

今日私たちは、この哲学の起源の問いについて調べることにしましょう。その際、二つの異なる観点から行いたいと思います。まず、私たちは哲学のはずれに、その起源に身を置いて、最も偉大なギリシアの思想家の一人であるヘラクレイトスのありのままの言葉で、すぐれて悲劇的な瞬間をとらえたいと思います。そこではまだ意味の統一性が確実であり、人間の生活のなかにあると同時に、後退し、自らを隠しています。次に私たちは、哲学に歴史があるということについて反省することによって、私たちは哲学することにある動機が永続的で、現代的なものであることを示すために、起源という観念そのものへの批判を行うことになります。

最初にヘーゲルの言葉を、よりよく理解するために取り上げ直しましょう。その言葉は明らかに、何かが死ぬと同時に哲学が生まれると宣言しています。この何かというのが、統一する力です。この力が統一してきたのは、対立項の数々であり、それらはこの力のもとで生きた関係と相互作用を保っていたのです。この力が弱まったとき、関係と相互作用の生命が衰退し、統一されてきた項が自律的になる、すなわちもはや自分自身以外の法則や立場に従わなくなるのです。対立項を統治する唯一の法則が支配してきたところで、今や多数の分離された命令が、複数の命令が、無秩序が勝るようになります。統一性を失った悲しみのなかで、分離と不調和のなかで、哲学が生まれるのです。少し『繻子の靴』[*17]の冒頭に似ています。ヘーゲルは、同じ著作のなかで「不和（分裂、二重化、Entzweiung）こそ、哲学の要求の源泉である」（Lasson, I, 2）[*18]と書いています。

今や問題は、ヘーゲルがどのような統一性、どのような統一する力について語っているのかです。あるいは――同じことですが――、それを分離したり二重化したりすることが哲学の到来と一致することになる対立項、対立者とはどのようなものかです。それこそ同じ節でヘーゲルが述べていることです。「このような対立は、かつては、精神と物質、霊魂と肉体、信仰と悟性、自由と必然等々といった形式の下で、またより制限された領域においてはもっと多くの形で意味を持っていた。そして、人間的関心事の一切がここに結びついていた……」[19]。ここで少し立ち止まって、この一覧表に立ち戻ってみましょう。

かつて意味をもっていた対立には、「人間的関心事の一切が結びついている」とヘーゲルは言います。この関心事とは何を意味するのでしょうか、これが対立にどのように結びついているのでしょうか。言いかえれば、人間にとって関心のあること、したがって人間の間にあるもの[20]、人間を互いに結びつけると同時に各人の生をそれ自身に結びつけているもの、こうした関心事は、かつては一切がこの対立にかかわり、結びつき、したがって依存していました。ある利害関心、言いかえればある関係は、対立項、対立するものにかかっていますが、〔別の言い方をすれば〕利害関心がこの対立を対《カップル》にしているのです。対のなかに、分離の統一があり、接合の統一があります。この統一は生きています。というのも、それが統一する対立項が両立しないものである以上、統一はいつでも対立項に反して行われなければならないと同時に、対立項が統一の要素であり、統一を形作るものである以上、統一はいつでも対立項に従って行われなければならないからです。この二つの対立項の統一の一般的な意味、つまり男と女という意味での対《カップル》は、おそらく私たちに、対立項の直接的な例を、ヘーゲルが言うように対立項が「より限定まられた領域において」意味をもちうる「さらなるあり方」の例を示してくれるでしょう。昼と夜、冬と夏、太陽と雨、生と死〔といった対〕と同じく、大人と子ども〔という対〕も、同じ関心をもたらします。実際、人間の関心事が「限られた領域」にかかっているのと同じ程度に、対の両項の交代が、「根本的な〔音節が交代する〕風刺詩[*21]あるいは低音と高音の関係」としての生を〔詩の音律のように〕区切り、クローデルが言うように言葉と物の生にリズムを与えています。

しかしヘーゲルが名前をあげているのは、こうした対立項ではありません。それは「精神と物質、霊魂と肉体など」であり、それらは直接的ではなく、限られた領域に属してもいません。〔しかし〕私たちはそれらを識別しています。すなわち、これらの重要な対立項は、哲学的で反省的である、と。例えば信仰と悟性という対は、聖アウグスティヌスから聖トマスにいたる、そして聖アンセルムスを経由しておそらくカントにまでいたる、キリスト教国における人間的関心の思弁的表現です。それは、愛によって与えられるものと、理性的秩序において獲得されうるもののあいだの、神秘と啓蒙のあいだの、キリスト教思想とキリスト教的生の結合と分裂です。

しかし、もしこうした項と項の間の対立の表現がすでに哲学的であるとすれば、それはしたがって私たちがすでに分離のなかにあり、対立項の統一性の喪失の悲しみのなかにいるからではないでしょうか。その場合、どのようにして、哲学はこのような分離とともに生まれるという命題と、やはり統一化する力が哲学の主題となる対立項を支配するという命題が、両立できるのでしょうか。

最後に、ヘーゲルの一節に耳を傾けてみると、一見したところ両立不可能に見える二つのことを述べているという点で、みなさんの意見が一致すると思います。「この対立（精神 - 物質の対などの形式での）は、文化状況の進展とともに理性と感性、知性と自然、そして一般的概念としては、絶対的主観性と絶対的客観性との対立という形式に移行している」(Lasson I, 3)。[*22] したがって、彼が述べたように、生についての哲学と生のなかの哲学、分離についての哲学と分離のなかの哲学が区別されなければならないのでしょうか。あるいは、哲学する欲求を生む分離が意味するのは、たんに分離の結果生じる二項を離したままにしておくことではなく、むしろこの分離は今や、それが切断した統一を、新しい形の統一という形で、分離自身のなかに維持していると理解するべきなのでしょうか。ここに謎があります。

　おそらく私たちは、最初の西欧思想のなかで一と多、対立項の統一の問題がどうなっているかを理解するために哲学のはずれに身を置くことによって、何とかしてこの謎の答えを見出すことができるでしょう。ハイデガーは好んで、西欧が陽の沈む国であり、夜の大地であると語りました。陽が傾くとき、人間は眠り、世界は四散します。眠ることは、ものごとや人びとや自分自身から別の世界に、最も私的な生に、身を引くことです。同じ意味でヘラクレイトスは言います（断片八九）。「目覚めている者たちには共通の一つの世界がある（が眠っている者たちは、それぞれが）自分だけの（世界へ帰っていく）」[*23]。ギリシア思想は西欧思想の一つですから、すでに夜のなかにあります。しかしそれはまた、思考の朝、思考の目覚めでもあります。それゆえ、紀元前五世紀初頭に語ったヘラクレイトス、イオニア地方のエフェソスのヘラクレイトスの言葉に耳を傾けましょう。私たちはそこで、一は多のうちにあること、私たちが遠くに探しているものはとても近くにあること、世界の意味は世界以外のどこにもないことについて、最も力強い肯定がとどめられているのを耳にすることになります。しかしまた私たちはそこで、夜の到来を、死の脅威を、意味と現実の分離を、聞き分けることになるでしょう。

以下は、ヘーゲルが言うように、対立がその統一性を証明している二つの断片です。

断片八「対峙するものが和合するものであり、さまざまに異なったものどもから、最も美しい調和が生ずる。」

断片一〇「結びつき――それは全体であって全体ではない。一体化していながら分裂している。調子が揃っていながら不揃いです。そして、万物から一が生じ、一から万物が生じる。」

別の断片では、統一性の本来の力は統一性の爆発のなかで現れると同時に、哲学的思考の対象そのものつまり知恵［sophon］が、この力のそばに留まることとして示されます。

断片五〇「私にというのではなく、このロゴスに聞いてそれを理解した以上は、それに合わせて、万物は一であることに同調するのが知というものだ。」

断片三三「一人の意に従うも法にして。」

断片四一「なぜならば、知［σοφόν］とはただ一つ、万物を通して万物を操る叡慮に精通していることにある。」

しかし同時に、多様なものを支配する統一性、そのそばに留まるのが知恵（σοφόν）であるような統一性が、他の断片では注意すべき名で呼ばれています。

断片八〇「戦争は遍きものであること、正道は争いであること、万物は争いと必然にしたがって生ずることを知らなければならない。」

断片五三[*24]「戦争はすべてのものの父であり、すべてのものの王でである。ある者たちを神々に列し、ある者たちを人間の列に置いた。またある者たちを奴隷とし、ある者たちを自由人とした。」

一者は戦争とも名づけられ、統一するものは分離するものとも名づけられているのです。それはおそらく、すべてのものごとを支配するものの核心にある対立のせいです。ヘラクレイトスは、これについて断片三二で次のように述べています。「知を備えた唯一の存在は、ゼウスの名で呼ばれることを非とし、かつ是とする」。しかしそれは明らかに、統一する一者の結びつき、つまり調和と分離する一者、つまり戦争が、あらゆる場所で法の力をもっているからです。ヘラクレイトスは、これについて断片五四で次のように述べています。「目に顕《あらわ》でない結びつき（ハルモニエー）は、顕わな結びつきよりも強力である」。けれども私たちがこのエフェソスの人［ヘラクレイトス］の完全なメッセージを受け取るのは、とくに断片九三においてです。「デルポイの神託所の主は、語りもせず隠しもせずに、徴《しるし》を示す［σημαίνει］」。

私は、ここにヘラクレイトスの思想の核心をとらえることができると思います。というのも、この主、この主人とは、神であり、すべてのものごとを横切りつつそれらを戦わせることによって支配する知、それが一者であり、戦争なのです。そして、私たちは、一方で彼がはっきり語らないこと、私たちに隠さず読ませるよう手札を見せることはできないことがわかります。それは彼が、彼の支配するものごとの外では何ものでもないからであり、彼がそれらのものごとの配置、調和にすぎないからです。言うなれば、もしみなさんが、彼が手札をもたないよう望んだとしても、しかし彼は、それにしたがってカードの価値や色が——言いかえれば存在するすべてのものが——対立しながら次々と生まれてくるところの秩序であるからです。あるいはまた、彼はゲームに規則を与え、一手一手のつながりを意味のある歴史として組織している規則《コード》そのものであり、この規則（コード）は彼が構造化しているものごとの外にはなく、徴を示しますが、それ自体は一つのものではありません。他方で私たちは、デルフォイの託宣を受けた主――言いかえればアポロンであり太陽――は、隠さないことを、つまり手を隠さないことを知っています。私たちは、彼がゲームのなかで敵がするように、私たちをだましたり、間違った競技場に連れて行ったりすることはないことを知っています。実際、彼はプレーヤーではなく、ゲームを規制しており、それに従ってプレーヤーたちが動くところの規則《コード》なのです。この規則《コード》は自らを隠しません。神は、雲の帳の後ろに隠れたり、私たちとかくれんぼで遊んだりすることはなく、聖アンセルムスが信じたように「私たちの視線から顔をそむけることはない」（『プロスロギオン』[*25]）のであり、キリスト教が信じたように私たちを住みかから追放することもなく（実際なぜなのか）、彼は規則《コード》がそこにあるのと同じようにそこにあるのです。彼は、――これこそまさにヘラクレイトスが述べていることですが――記号表現《シニフィアン》として、徴を示すものとして、言いかえればものごとの徴を示すものとして、そこにあるのです。

私たちはここで、ヘラクレイトスによって示された方向にこれ以上進むことはできません。私たちの問いに立ち返りましょう。どのような点で、この思想は暗い〔と言われる〕のでしょうか。[*26] ヘーゲルとともに哲学を、対立が生命を失うとき、私たちが分離や分裂のなかに入るときに必要なものだと理解するとすれば、どのような理由で哲学はそこで自らを告げ知らせるのでしょうか。

このテーマで私たちに指示を与えてくれるのは、既出の断片五四です。「目に顕《あらわ》でない結びつき（ハルモニエー）は、顕わな結びつきよりも強力である」。というのもこの言葉は、少なくとも調和や結びつきが私たちの視界や把捉の外にあるということを意味するからです。しかし、さらに断片一〇八は、一種の二重の失望とともに、明言しています。「私がその言うところを聞いたかぎりの人びとのうち、誰一人として知〔σοφόν〕（なる存在）がすべてのものからかけ離れたものであることを認知するに至っていない」。この「すべてのものからかけ離れた」という一節は、多のなかへの一者の現前、戦争と調和の深い同一性が繰り返し想起されているなかで、奇妙に響きます。いかにしてロゴスつまり一者は、すべてが一者であるにもかかわらず、すべてのものからかけ離れていることができるのでしょうか。このかけ離れた統一は、いわば失われた統一です。なぜならこの統一は、それが統一しているものから離れているからです。そしてこの断片では、分離によって生まれる〔統一への〕郷愁が、付随的に生じる失望によって深まっています。すなわち、誰もこのことをついに知りえないこと、この知〔σοφόν〕の引退をついに知りえないことです。というのも――断片二が語ってくれるように――このロゴス〔λόγος〕つまり意味は〔人びとに〕共通のものなのに、大多数の人びとはまるで自分だけのものだと考えているかのようだからです。聞くことも言うことも知らない（断片一二）のは、おそらくこれと同じ人びとであり、これについて断片九は次のように語っています。「驢馬は黄金よりもむしろ切り藁をとるであろう」。語調《トーン》が上がっているのがお聞きになれるでしょう。「すべては一者」〔という一節〕の控えめな落ち着きに、悲嘆と罵言が混ざっていきます。そしてヘラクレイトスは、凡百の哲学者と同じように、個人的思考の幻想や、価値といわれているものの気慰みを糾弾するのです。

これらすべてが、次のようなことの徴です。いわゆるヘラクレイトス思想、統一性は多の調和としてと同時にその矛盾として多のなかにあるという主題——この思想は、共有されておらず、共通のものでもなく、この思想自体、他の思想や評価と対立しているということです。

そこで私たちは、これらの断片をもう少しよく理解することができます。これらの断片は一方で、統一が多の規則でありコードである以上、多以外の場所に統一性や神を求めるべきではないと述べています。またこれらの断片は、弁証法について、言いかえれば分離の乗り越えについて、三角形の統一性は精神（神の精神や数学者の精神）のなかではなく、三本の直線のうちの二本の交差と別の二本の交差が形作る関係のなかにあるという理解について述べています。あるいは、世界の統一性は別の世界（例えば叡智界）のなかにはなく、ましてやその部分を組み合わせる知性のなかにはなく、むしろその要素の配置と構成（すなわち構造）のなかにある——ある音楽のフレーズが統一性を見出すのは、それを構成している音の音価や持続の対立の組み合わせや連鎖のなかであるのと同じように——と述べています。

しかし他方でこれらの断片が述べているのは、あの調和が、それは同時に要素相互の論争でもあるのですが、もはや聞かれも述べられもしていないということであり、人びとはすでに夢を見ているということであり、言いかえれば人びとは切り離された自分たちの世界に逃げ込んだということであり、要するに、ヘラクレイトスが行ったように統一性を証明しなければならないとすれば、それは統一性がまさに証人を失いつつある限りにおいてであり、言いかえれば失われつつある限りにおいてであるということです。

ここで前出の問いが口元に戻ってきます。なぜ統一性の喪失と対立項の自立があるのか。何が起こったのか。いつ。どのように。なぜ。

ここには鋭い問いがあります。しかし、おそらくその鋭さにひるんでいてはいけないでしょう。もし意味、ロゴス、一者が、過去のいつかの時点で絶対的に失われたというのが本当であれば、その場合私たちは統一性があるかもしれないこと、かつて統一性があったことさえ、もはや知りえないことになってしまい、その喪失自体が失われ、その死が死ぬことになるからです。死が、どのように奉納してもその墓が見えなくなったとき、もはや死のイメージが個人の思考や生活のなかで維持されなくなったとき、死であることをやめ、本当に他界するのと同じように。そのとき、その消失自体が消失し、まったく存在しなかったことになります。ヘーゲルやヘラクレイトスが語る統一性が、完全にこの死のような何かであるならば、私たちが現在その欠如や欲望を検証することはできないことになるでしょうし、それについて話すこともできないことになるでしょう。

したがって、私たちの鋭い形式の問い、「なぜ意味や統一性が失われてしまったのか」は、摩耗しない素材と出会うことによってすぐに切れ味が鈍くなってしまいます。その素材とは失ったものを保存している時間です。いま立てられた問いによって、歴史家として答えるよう促されますし、いずれにしても歴史家として答えようとすることを促されます。例えば、哲学を生み出す懐胎期に、ギリシアにおいて確かに起こりえたことを一つ一つ調べるよう促されます。そして、私たちがこのような研究から多くのことを学ぶのは確かです。それはたんに、私たちがまだ哲学の起源（歴史的な意味での起源、歴史家が時にはフランス革命や第一次世界大戦の起源についてさえ語る、その意味での起源）をよく知らず、この研究からそれを学べるからだけではありません。同様に、哲学するというこの特異な活動が、他のすべての活動と同じ困難に直面しており、同じ宿命を分け持っているということを、一瞬たりとも疑いえないからです。言いかえれば、哲学することには、その時代とその文化の刻印が刻まれているからであり、時代と文化を表すと同時に規定しているからであり、哲学することが、建築や都市整備、政治、音楽と同じように、この全体――つまりギリシア的世界――の必要な部分であり、全体に必要な部分であるからです。

それにもかかわらず、この鋭い歴史家の方法で問いを立てることによって、刃こぼれの危険をおかすことになります。私たちは、「なぜ哲学するのか」という問いかけによって起源の問題を目ざしてはいないと解しておきましょう。それは、次の二つの理由からです。

――まず最初に、私たちが専念しているのは、哲学の誕生というよりも何かの死であり、この誕生と相関関係にある死です。歴史家として哲学の誕生の日付を決めることは、おそらく簡単でしょう。例えば、知られている最古の哲学者が最初の言葉を発したことがつきとめられた瞬間を起源とすることによって（その際、「哲学者」について語るときに、すでに自分が述べていることを知っていると仮定して）。しかし歴史家が、私たちが意味や統一性と呼んでいるものの死を規定すること、何を意味や統一性と呼ぶべきかを定義することは、おそらくはるかに難しいでしょう。また歴史家が、社会、例えばイオニア[*27]の諸都市のギリシア的社会のなかで、人間と世界の関係を支配する諸制度が互いに近づいたりかなり遠ざかったりする瞬間、いずれにせよ、かなりはっきりした早さで見かけ上の大きさをかなり大幅に変えた瞬間を特定することは、とても難しいでしょう。それを特定するのは、これらの社会を考察できるようにするため、社会の意味について問えるようになるため、人びとがなぜいま自分たちのしていることをしているのかを問えるようになるためです。もしバスティーユが奪われず、一つの首も落ちなかったとすれば、意味が失われたのはこの日だと誰が言えるでしょうか。また、歴史家がギリシアの負債としうる最初の大きな喪失は、統一性や意味の喪失ではなくソクラテスの喪失であり、この喪失は、まったく逆に、アテネの人びとが、それによって意味の欠如が明らかになり意味の欠如が人びとやものごとを蝕むようになるところの声を、聞きたくなかったあるいは聞けなかったということを示しています。

――しかしとりわけ、そしてこれが第二の理由ですが、私たちが「なぜ哲学するのか」と問う際、語の歴史的な意味での起源の問題を立てていないというのは本当ですし、哲学がそれを保証するのは、もっぱら哲学には歴史がある、あるいは哲学は歴史であるという事実によるというのは本当です。ここで私たちは再び時間のテーマに送り返されます。

哲学の歴史があり、ヘラクレイトスが言うように、知への、一者への欲望の歴史があります。この歴史が意味するのは、統一性を求める思想や言葉には、確かに不連続な継起があるということです。デカルトからカントに至るまで、語が替わり、したがって意味も替わります。語群に流れる思想がそれらをまとめています。哲学者とは、遺産を相続してそこから利益を生もうとするような人のことではありません。むしろ哲学者は、そのなかで彼が育てられ、いわば「培われ」た先人たちの問い方や答え方を探査し、問題にします。先に私は、私たちが毎回ゼロから出発するのは、私たちが毎回欲望の対象を見失うからだと申しあげました。私たちは、例えばプラトンの著作のなかに最終的に私たちが経験しているのと同じ統一性の欲望を見分けることができるようになるためには、プラトンの著作が私たちに投げかけるメッセージを取り上げ直して、規則《コード》を解読し、再規則化《コード》し、見誤ることのないようにしなければなりません。それは、哲学に歴史がある、あるいはむしろ哲学が歴史であるというたった一つのことに、哲学的な意味があるということです。というのも、哲学的反省を区分し、区切り、（まさに一つの歴史として）時間のなかに配分する断絶や切断、こうした亀裂こそ、意味が私たちの手を逃れていることを証明しており、理にかなった言葉の穴のなかに意味のかけらを集めるための哲学者の努力が、つねに最初から始めなければならないことを証明しているからです。フッサールは、哲学者とは永遠の初心者であると述べていました。

しかしながら、この不連続性は、逆説的に一つの連続性を証言しています。ある哲学者が別の哲学者に対して行う断絶と再開の作業は、少なくとも両者が同じ欲望に、同じ欠如に住み着かれているということを意味します。私たちがある哲学——

体系をなすあるいは少なくとも意味をなすひとまとまりの言葉という意味です――を探索するとき、それはたんにその哲学のアキレス腱を、そこを叩くだけで建造物が崩壊してしまうようなずれたり歪んだりしたボルト〔＝くるぶし〕を、見つけるためだけではありません。哲学者が、例えばプラトンの知解可能性〔＝叡智〕の概念を批判してそれは知解不可能であると結論づけるときでも、それは死の本能のような何かに突き動かされたからではなく、差異をなくして、私たちとプラトンとのコミュニケーションを難しくしている混信を強め、プラトンのメッセージを「痴れ者のおしゃべり」の「がやがやわやわや[*28]」のなかに溺れさせようとする無意識の衝動に突き動かされたからでもありません。

いや、本当に死の本能（これがフロイトの著作に現れる表現であることはご存じでしょう）が哲学者同士の関係を支配していたとすれば、正反対のことが起こっていたでしょう。実際フロイトは、この無への衝動は反復のなかに表現とリズムを見出すと説明しています。本当にプラトンを殺す人、その言葉の内容は、プラトンと同化する人であり、プラトンになろうとする人、プラトンを反復しようとする人です。

しかし、哲学的批判が、〔批判対象の哲学の〕体系の一貫性のなさや〔強い意味での〕非一貫性を明るみにもたらすことによって明らかにしようとするのは、一者の問題についてのより堅固で繊細、強固な一貫性であり、より幅広い妥当性です。ただ、まさにプラトン、カントやフッサールなど、生きている間中このような批判を自分自身で実行し、自分が考えたことを自省し、解体し、再開する哲学者は一人ではありません。このことが示しているのは、哲学者の仕事の本当の統一性とは、統一性の喪失から生じる欲望であって、構築された体系や再発見された統一性のなかでの自己満足ではないということの証拠です。一人の哲学者について妥当する以上のことは、哲学者の系列全体についても妥当します。歴史は不連続性によって展開されていますが、この歴史のなかで支配している不連続、そこで話される言語の混交、議論の混信などが、まさに私たちに価値——錯誤と誤解、勘違い、無秩序のせいで非常に腹立たしく、期待はずれな価値——があるのは、そこで語られているすべての言葉が、共有されている共通の欲望を証明しているからです。私たちは、哲学のバベルの塔を嘆いたりあざけったりするにもかかわらず、絶対言語の希望をいまだに育んでおり、統一性を待ち設けているのです。

したがって、この統一性は完全には失われていません。哲学の歴史があるということ、言いかえればこの統一性を言い表そうとする言葉に本質的なばらつき、不連続性があるということは、確かに私たちが意味の掌中にないことを証言しています。しかし、哲学が歴史であるということ、哲学者どうしの論拠、情熱、議論のやりとりが、何でもよいわけではない幅広い反復進行《シークエンス》のなかで繰り広げられるということ、トランプやチェスのゲームに少し似てそのなかで何かが生じるということは、それゆえ哲学的対話の織物から多様な個人や文化、時代、階級によって切り取られた断片の数々が、それにもかかわらずひとまとめにして維持されているということの証拠であり、連続性があることの、すなわち統一性への欲望の連続性があるということの証拠です。ヘーゲルが語る分離は過去のものではなく、統一性を連続して失うなかでの分離という、永続的で絶対的な現実性のなかにあります。哲学は、この統一性を多様化したり中断したりすることができます。昔の分離は今の分離でもあり、分離が唯一のテーマになりうるのは昔と今が分離されないからです。統一への欲望は統一が不在であることを立証しますが、統一性の現前を証言してくれるような欲望の統一性があるのです。

私たちは次のように問いました。「なぜそしてどのようにして統一は失われたのか」。この問いは次の問いかけから生じたものでした。「なぜ欲望するのか」。この問いかけは、私たちの問題から派生したものでした。「なぜが哲学するのか」。私たちは、今や、統一性の喪失についての問いは、たんに歴史的な問題ではなく、歴史学者であれば「哲学の起源」という見出しのもとで完全に答えることができるような問いではないということを、おそらく少し理解しています。実際私たちが検証したのは、歴史自体が、そしてとくに哲学の歴史が（しかしそれは歴史全体に当てはまります）、歴史の織物のなかで、統一性の喪失、つまり現実と意味を切り離しておく分離が、この歴史のなかの一つの出来事ではなく、いわば一つの動機だということを明らかにするということです。動機《モチーフ》ということで、犯罪学者は、活動するよう仕向ける、殺したり盗んだりするよう仕向けるもののことだと理解するでしょう。統一性の喪失は、われわれを哲学するよう仕向けるものという意味で、哲学の動機なのです。統一性の喪失によって、欲望は自分自身について反省するのです。しかし音楽学者は、作品全体を支配し、作品に旋律上の統一性を与えている、旋律部のフレーズを動機《モチーフ》と呼びます。統一性の喪失は、この意味で、哲学史全体を支配しており、哲学の歴史を形作っているのです。

したがって、紀元前七世紀か一〇世紀に、いわゆる哲学の起源という歴史的見出しをつけようとすれば、すべての遺伝主義[*29]が受けた嘲笑に、私たちもさらされることになるでしょう。遺伝主義は、父親によって息子を説明することができ、先ののによって後のものを説明することができると信じます。しかしこれは、当然のことですが、息子が父親から生まれるのは本当だとしても――父親がいなければ息子はいませんから――、父親の父親性は息子の現実存在にかかっているということを忘れていますし、息子がいなければ父親もいないということを忘れています。あらゆる系譜学は、裏から読まれる必要があります（したがってひとは、被造物がその作り主の作り主であること、人間が〈神〉を作り出したことに、その逆と同じ程度に、ついに気づいたのです）。哲学の起源は現在なのです。

最後の注記です。このように述べたからと言って、私たちの意図は、歴史を水に流すことではありませんし、少なくとも二五世紀のあいだの言葉、反省する言葉、言葉で自らを反省しようとする欲望がなかったかのように振る舞うことではありません。私が言いたいのはまったく逆のことです。歴史に力や現前、「統一する力」（ヘーゲル）を与えること、歴史を真剣にとらえること、これこそが歴史の動機や統一性の問題が機能し続けていることを理解することなのです。というのも、もし歴史があるとすれば（先週申し上げましたように）、それは人間どうしの結びつきや人間と世界との結びつきが、不可逆的には与えられないからであり、また精神にとっての世界の統一性、社会自身にとっての社会の統一性、この二つの統一性が、つねに復元されなければならないからです。歴史は、この探求が残す痕跡であり、探求によって前方に開かれる期待です。しかしこの二つの次元つまり過去の次元と未来の次元が、現在の両端に広がっているわけではないのは、もっぱら現在が充実していないからであり、永遠の現在性のなかに不在を包み隠しているからであり、現在には自己との統一性がないからです。プルーストは、愛とは心に感じられるようになった時間（そして空間）であると述べました。歴史の扇を広げるのは、統一性の不在という統一性なのです。哲学は、こんな風に歴史であることがおわかりいただけたと思います。そのうえ、それは偶然にそうなのではなく、哲学も歴史も意味を探すという点で構造的にそうなのです。

私たちは、なぜ哲学する必要があるのかを知っています。それは、統一性が失われたからであり、ヘーゲルが言うように、私たちが分離のなかで生き、考えているからです。私たちはまた、この喪失が、それ自体失われたわけではなく、現実的で、現前していること、またこの喪失のいわば超時間的な統一性がないことも知っています。今後、私たちは、このたえず失われ、唯一で、永続的な意味と統一性の喪失とともに、哲学することは何をなすべきかを自らに問わなければなりません。私たちは次回この問いを検証することにしましょう。

第三講　哲学の言葉について

私たちの最初の反省の対象になった欲望という語は、*de-siderare* というラテン語に由来します。このラテン語は、第一に、星座 *sidera* が何の徴も示さないこと、神々が星座に何も示さないことを確かめることや残念がることを意味します。欲望とは、卜占への失望なのです。哲学は、それが欲望に属する限りで、またおそらく欲望のなかの欠乏である限りで、以前述べたように、神々が沈黙するときに始まります。それにもかかわらず、哲学の活動全体が言葉からなっています。しかし、その場合、述べられるべき意味を示すいかなる徴もないとすれば、理にかなった言葉がどのようにして可能なのでしょうか。私たちのなかでも外でも沈黙が絶対的であるにもかかわらず、私たちはさらに何を言うことができるでしょうか。もし人間が、プロタゴラスが考えたように「万物の尺度［μέτρον］」[30] だとみなされる——それにもかかわらずこのことが含意するのは、万物には人間以外の固有の次元があり、採寸を命ずるということです——だけでなく、もし人間がその言葉によってあらゆる意味の源泉であり基盤であると見なされるとすれば、——最も浅薄でないものとして実存主義的あるいは「マルクス主義的」なヒューマニズムによって語ることが流行なので[31]——、イワン・カラマーゾフが語ったように、「すべてが許される」[32] ことになり、もはや真も偽もなくなり、私たちは何でも語ったり為したりすることができ、すべてが不条理もしくは無関心であることになります。

今日、私たちは、哲学と言葉《パロール》の関係を、とくにこの関係の性格に注意を払いながら検証したいと思います。実際、矛盾という角度から見ることによって、私たちは言葉における哲学の特別な立場と、このような立場の必要性を評価するようになると思います。一方で、すでに語っているものは何もないとすれば——カミュが『異邦人』で感じさせようとしたように、ムルソーに語りかけるものは何もなく、彼にはすべてが無関心だというのに少し似て——、哲学が語り出すときに、すでに語っているものは何もないとすれば、この言葉は返事ではなく、既存の言語表現《シニフィアン》に連結されておらず、すでに開始されている対話を続けるものではなく、闇夜に語を差し出し、とりとめのないことを話し、雑音を立てていることになります。その場合、なぜ哲学するのでしょうか。しかし、他方で、もしすべてがすでに語られており、色や香り、音がすでに対応しており、数学言語《ラング》が原子や惑星、染色体を一貫した語法で整理しており、一人あるいは複数の人間の歴史がすでに書かれた物語の展開のようなものであるなら、私たちの夢に住み着いている神話でさえ一種の語彙のなかで作成されており、無意識を形作る統語法によって分節化されているのであれば、再び、なぜ哲学するのでしょうか。すでに語られたこと以上に他に私たちは何を語ることができるでしょうか。つけ加えるべきことは何もなく、今度は、哲学的言説はもはや絶対的騒音ではなく、オウムのおしゃべりだということになります。

　手始めに、言葉のいくつかの相に光をあて、いくつかの擬似哲学的な先入見を解消しておきましょう。

まず次のような通用している考えがあります。ひとはまず考え、次に考えたことを表出する、これが語ることだという考えです。思考は、内的な隠れた実体として認識され、言葉は思考の召使いでしかなく、外部の問題に代表として送られるメッセンジャーでしかないことになります。私たちは、思考を一つのもの、もの（*res*）だとする考え方、事物化する考え方を、完全に厄介払いしなければなりません。私たちは、私たちが取り組んでいることのために、考えることはすでに語ることだということを理解しなければなりません。私たちは、考えていることをまだ名ざせないとすれば、まだ考えていないのです。また私たちが名ざしたことをまとめて分節化できないとすれば、やはりまだ考えていないのです。私たちが言うべきことを言うための語がたまたま見つからないという日常的な経験的事実は、私たちの思考がすでにそこにあって、頭のてっぺんからつま先まで武装していて、思考を外に運び出すことになっている語が待ち合わせの場所に来ないことを意味するわけではまったくありません。私たちが語を見つけられないとき、それは私たちの思考に語が欠けているということではなく、むしろ徴を示しているものに私たちの思考が欠けているということです。

この最初の注記によって私たちは、世間に受け入れられた別の二つの考えを見直すように導かれます。最初の考えは、語っていることの作り手は語る主体だという考えです。おそらく、前回引用した、次のように始まるヘラクレイトスの断片をおぼえていらっしゃるでしょう。「あなたが聞いているのは、私ではなく、意味〔λόγος〕なのです」。この断片はすでに、語ることの真の主体は、「語る者ではなく語られること」だということを示していました。その上、フランス語の単語〔意味《サンス》〕は、この二重の意味について証言しています。それは語る者よりも、語っていることを示しています。また俗語も、自分が話しているのを聞く〔＝自分の話に酔う〕人を皮肉っています。本当の言葉は、それ自体で聞き取られるものではなく、それが言わんとすることによって導かれることを求めます。ここで、主体〔が被告〕の法廷における証言すべてを比較し続ければ、きりがないでしょう。私たちは、もしよければ、ジョン・キーツがウッドハウスに宛てた手紙（一八一八年一〇月二七日）のなかで示している考察で満足することにしましょう。

「詩的性格はそれ自体ではない――それ自体というものをもっていない――それはあらゆるものであり、また何ものでもない――それは性格をもっていない――それは光も影も受け容れる。それは喜びのなかに生きるが、その喜びが清いものでも汚れているものでも、高くても低くても、豊かでも貧しくても、卑しくても高貴でもかまわない［…］」。

「詩人というものはこの世に存在するもののなかで最も非詩的なものだ、というのは詩人は個体性をもたないからだ――詩人は絶えず他の存在のなかに入って、それを充たしているのだ――太陽、月、海、それに衝動の動物である男や女は詩的であり、不変の特質を身につけている――詩人にはそれが何もない、個体性がないのだ――詩人は明らかに神のあらゆる創造物のなかで最も非詩的なものだ。」[*33]

けれどもこのキーツの宣言は、自我の幻想よりも少なからず行き渡っている別の幻想を認めてしまう危険をともないます。すなわち詩神《ミューズ》の幻想です。ものごとのなかにある意味が書き取らせるのであって、私たちがしなければならないのはそれを書き写すことだけだというわけです。したがって言葉は、私たちが口に出す前に、すでに語られていることになります。世界や人間が言うべきことを言っているのを聞くためには、私たちが耳を傾けるだけで十分だとうことになります。少なくとも、プラトンが『イオン』で述べているように、言語を最もよく分け与えられた人、「インスピレーションを与えられた人びと」、「熱狂者」たちの場合には、これが当てはまることになります。

しかし、ものごとはそれほど単純ではなく、言葉をあらゆるところに置くことによって、言葉なしですますことはできません。私たちは、物語を語るため、場所や顔を叙述するため、幾何学の図の特性を証明するために、話す役割に直面したとき、耳を傾けるだけでは十分ではありません。というのも、世界、もの、人間、空間内の組み合わせが、はっきり語るというのは、本当ではないからです。確かに、私たちの語よりも先に意味があって、それが語を自分の方に引き寄せるのですが、語の——いわば——前線がいずれ意味と接触するようになるわけではない以上、またこの意味がいずれ一群の語のなかに避難所を見つけるようになるわけではない以上、意味は現実存在しないものとして、混乱したままであり聞き取れないままだからです。その結果、意味を語るためにはその意味を聞かなければならないというのが本当であるなら、それを聞くことができるためには、やはりすでにそれを語っている必要があることになります。私たちは、話をしながら、つねに二つの領域に同時に働きかけています。記号表現《シニフィアン》（語）の領域と、記号意味《シニフィエ》（意味）の領域です。私たちは記号のなかにいて、記号が私たちを包み込み、私たちを引き止めたり導いたりしてくれます、記号が「やって来る」かやって来ないかのいずれかであり、私たちは内側から記号に命令し、記号が意味を形作るよう整えます。またそれと同時に、私たちは意味の側にいて、意味が私たちの言葉に逃げ込む穴を空けるのを助け、言葉が流れ去ったり逃げ去ったりするのを止めるのを助けます。語ることはこの往還運動であり、言説と意味の共《コ・》‐誕生《ネッサンス》であって、いつか私たちが、私たちの意味することによって、それが育てた分節化された記号を備えるようになり、語で包まれるようになると期待するのは、幻想です。さもなければ、そこで問題になっているのは、出来合いの言葉と、死んだ文字、まさに何も語らないための「こんにちは、お元気ですか」といった言葉なのです。

そしてもしこの通りだとすると、もし私たちが、ちょうど仕立屋が生地の準備ができたと言うように、また水夫が風に対して船の準備ができたと言うように、言語《ランガージュ》と意味が互いに対して準備をするために、両者を同時に働かせないといけないのは、分節化された言葉が、言葉がとらえた意味を、象徴体系のなかに入れこむからです。この象徴体系は、情報の理論家が言うように、そこでは意味が沈黙のうちにとどまっていて言葉がそれを探しにいくような象徴体系よりも、分化されていて、ありそうもないものです。それが語られたという事実によって、意味は変化しますし、それゆえ何かを言うこと、名指すことは、無からではないとしても、それを創造することであり、新たな秩序で、つまり言説の秩序でそれを制度化することなのです。これについては数多くの例があります。まなざし、ほほえみ、耳打ちする言葉、沈黙は、男女のあいだに何らかのたくらみを、共犯関係を作り出します。しかし、この関係は、一方が告白したり明るみに出たりするようになると、今やこの関係が両方のものであるということ、話してもよい権利が与えられたということからだけで、変化します。どちらか一方が、あるいは両方が拒んだとしても、です。別の領域では、屈辱を受けた戦艦ポチョムキンの船員たちの間に、目配せ、握りこぶし、反乱の意味を最初にたくらみ始める仕草が起こります。しかし、不満を暴動に、反乱を革命に脱皮させるのは、ここでも、まだ夜陰のなかにある意味を示す言葉です。それは、艦内の通路から意味を引き出した後、艦の前の海岸の陽光のもとに曝し、自発的な動きのなかの潜在的な意味を取り上げ直して新たな展開へと開いていきます。

おわかりのように、言葉は口に出して述べられたことを変化させるのであり、そのことによって私たちは一見したところ謎めいているこの記号と意味の共‐誕生を理解できます。というのも、恋愛や革命の状況は、その状況を恋愛とか革命と指示する語よりも先にそれ自体で存在するわけではなく、いずれの場合も、「今起きていることはこういうことだ」と言い始めた人が、それと同時に、彼が述べていることを作り出しているように見え、その作り手であるように見えるからです。そして、彼こそが愛の法廷や反革命の弾圧を前にして、彼がその状況を生み出したかのように状況の責任を取り、彼が口に出した語の代償を支払うのは当然であるように思えます。それは、こうした語がたんなる単語以上のものであるということです。しかしまた、彼の言葉は、すでにそこにあったことを、それが口に出して述べられる前にとらえることによって、初めて何らかの評価を得ることができたのだというのも本当です。さもなければ彼の言葉は、受け入れられなかったでしょう。

考えること、つまり話すことは、おそらくすべて、それをねじ曲げないためにはささやかれる意味に耳を貸さなければならず、もしそれが逸れていくことを望まないのであれば分節された言説にすべて変換しなければならないという、居心地の悪い状況のなかにあるのです。

私たちは、精神の理論や、意識の理論、あるいは理性の理論といった「理論」と手を切る決断をはっきりするとき、思考（や哲学）とは何かについての理解の点で前進することができるでしょう。なぜなら考えることが本当でありうるとしても、だからといってそこに考えられているものから独立した考える実体や能力、機能があることにはならないからです。それは、フッサールが述べたように、個人のなかで考えられたことそのものに言葉が与えられれば与えられるほど、逆に成立します。しかしながら、この修正には、二元論や主観主義が思考の知性に対置するアポリアや袋小路から、私たちを解放するという大きな利点があるとしても、また私たちが、物質に対する精神の先行性や、対象に対する主観の先行性（あるいはその逆）についての単調で果てしない議論をしなくてすむという利点があるとしても、別の難問を生じます。生じるのは、主に次のような難問です。

どのようにしてものごとが言葉に到来するのでしょうか、どのようにして分節された言語は、ものごとの回りにしぐさや顔つき、状況を引き連れている意味を取り集めることができるのでしょうか。したがって、言葉とそれが語ることのあいだに、どのような予定調和があるのでしょうか、対象が言葉からアイデンティティを受け取るほどにまで。

私は、私たちが確かに説明しておかなければならないもう一つの言語の相について強調しておきたいと思います。ひとは一人で話しをしないということ、一人で話しをするときでも、一人ではないということです。

話すことはコミュニケートすることです。しかし、たったこれだけの表現にも、潜在的に新しい偏見が含まれています、あるいはむしろ私たちがすでに告発した同じ偏見の別の現れです。それによれば、コミュニケーションというのは、完全に準備されたメッセージを、システムの〔別の〕極の一つに伝達することを可能にする操作だということになります。また表出することというのは、カーペットを干すときのように、内側に隠れていたものを外側に向けることだということになります。これが的外れであることはおわかりでしょう。私たちの生きた言葉の経験は、前もって作られた言説を暗唱する経験ではありません。それは、話し相手について、そして話し相手が私たちに投げかける問いについてはっきりさせる経験であり、そして話し相手によって、私たち自身が私たちのメッセージや私たちがこうだと考えていたことに投げかけざるをえなくなる問いについて、はっきりさせる経験です。それは、ゲームの経験であり、言いかえれば交換の経験、記号の循環の経験であり、そしてこの交換が単純な反復をねらっているわけではなく、それぞれの立場で話し相手を石にすることをねらっているわけでもないのは、コミュニケーションが役割の交換を含意しているからであり、私がたんに私の理性と情念をそなえた私自身ではなく、他者の理性と情念をそなえた他者でもあるということを含意しているからでもあり、さらには他者もまた私であることを、したがって他者は彼自身の他者であるということをも含意しているからです。したがって、私たちは一緒に話を作ることができるのであり、ヘラクレイトスならこう言ったでしょうが、私たちは互いに対する戦争によって話の調和、統一性を作り出すのです。

それぞれのメッセージを、他人のメッセージと私のメッセージというように、互いの主観性のなかに閉じ込めることから始めると、コミュニケーションが可能であることをけっして理解できないでしょう。というのも、その場合私たちは、先ほどお話しした問題（すなわち、沈黙の意味から理のある言葉への接近という問題）とかなりよく似た問題の前に立つことになるからです。つまり純粋な内面性、私の内面性の謎を解かなければならないことになるからです。しかし話すこと、つまり考えることは、ただちにコミュニケーションであり、言いかえれば、いわば外部で

（しかし内部はどこにあるのでしょうか）私の別の面にもなりうる能力を自分にそなえることです。また、児童心理学者とともに次のように指摘することは、かなり一般的なことになっています。すなわち、言語の習得は遍在性の習得と相関的であるということ、子どもが文法上の人称や時制を使い始めるのは、したがって現実に自分が発音している意味を分節し始めるのは、自分の役割を例えば父親や弟、あるいは母親の役割と交換できる——遊びのなかで、あるいは実際の家族構成のなかで——ようになるときだということです。

思考の秩序でもある言語秩序のなかに入ることによって、私たちは社会性の秩序のなかに入ります。というのも私たちは、ある音声記号の体系、つまり私たちの文化の言語体系を手に入れる——あるいは私たちがある体系にとらえられる——からです。そしてこの体系のおかげで、沈黙の意味がある言説として分節化されるだけでなく、このまだ分節化されていない意味が他人と私が共に属している記号のネットワークのなかから語を切り取ることで、私たちの言うべきことがただちに他者への通路を見出すのです。

言葉を検証することによる、非常に手短なこの回り道は、今やおそらく、哲学的な言葉、言葉としての哲学がどのようなものか、これまでよりも少しばかりよく理解するための助けになるでしょう。そして以下がわれわれの問題である以上――なぜこの言葉が必要なのか。

私たちが今たどってきた多様な道筋はすべて、同じ交差点に通じています。すなわち、言葉は話し手自身よりも遠く、深くから来ているということ、言葉は同じ記号野のなかに話し手たちを包み込むということ、言葉は、まだ分節化されていない方法で、まだ語られていないことに現前しています。私たちはおそらくこの結論について、ポール・クローデルの『詩法』の二段落よりもよい報告書を見いだすことはできないでしょう。

「いつぞや日本で、日光から中禅寺に登って行くとき、わたくしは、遠く離れてはいたものの、わたしの眼の一直線の視線によって並置されて、一本の楓の緑が、一本の松の木によって提案された調和を、充分に充たしているのを見た。この森の原文《テクスト》、「六月」の手になり、「宇宙」の新たなる「詩法」に則り、新たなる「論理《ロジック》」を用いた、樹木の叙述に、これらのページは注釈をほどこす。むかしの論理はその機関として三段論法をもっていたが、この論理は、暗喩を、新しい言葉を、二つの異なる事物の統一された同時の存在からだけ生じる活動を、もっている。前者は、或る普遍的な絶対的な断定を、主体への、或る特質、或る性格の、決定的な付与を、出発点としている。時間も場処も詳述せずに、太陽は輝き、三角形の内角の和は二直角になる。*[34] その論理は、諸々の抽象的な個々の事実を、定義することによって創造し、それらのあいだに不変の系列を設定する。その方法は名称を与えることだ。もろもろの部門によって、目録の欄の種目によって、個々の分析によって、いったん確定され、分類されたすべての術語を、この論理はおのれに提出されたすべての主題に適用する。わたくしはこのロジックを、もろもろの異なる語の性質と機能とを決定する文法の最初の部分に比較する。第二の「論理」は、それらの語を集める技法を教える、文法の文章構成法《サンタクス》のようなものだ。そしてこれは、われらの眼前において自然そのものによって実行されている。普遍なるもの以外に科学はなく、特殊なるもの以外に創造はない。暗喩《メタフォール》、基本的な短長格《イアンブ》、または抑音と揚音のつながり、これはけっしてわれらの書物のページでだけ戯れているわけではない。これは生まれいずる一切のものによって用いられる土着原生の技法である。そして偶然を云々することなかれ。この花束の植込み、この山の容《すがた》は、パルテノン以上に、あるいは金銀細工師がそれを磨り減らして年老いるダイヤモンド以上に、偶然の結果ではなく、かならずやさらに豊かなさらに知恵のある企図《もくろみ》の宝から生まれいでたものである。わたくしは地質学の風土の、博物学と歴史の、おびただしい例証を挙げることができる。われらの作品とその手段とは、自然のそれと異なるものではない。それぞれの事物は単独にではなく、他のあらゆるものとの無限の関係において存続するのだ、ということをわたくしは理解する。[*35] (*Art poétique; Développement de l'Eglise*, 1907, p. 50-52)

「何物もそれ自体だけでは完成されない。すべては、内側からそれ自体によって描かれると同様に、外側からも、その形態がそこにおのが空席として描き出す、その空虚によって描かれている。あたかもそれは、それぞれの線が他のもろもろの線によって命じられているさまに似ている。湖は楕円形の空を背景におのれの中にふわりと浮かんだ白い白鳥を描き、牛の目玉は秣《まぐさ》と羊飼の女とを彩色する。突風は海の泡を、茂みの葉むらと小鳥を、百姓たちの縁なし帽を、村々の煙を、鐘のしらべを、ただ一吹きでかっと攫《さら》い、運び去る。少しずつ知性によって占められていく顔のように、曙光《あけぼの》が生まれると、植物と動物の世界は睡眠を了えてしまった。このようにして幾つかの共通の主題が種々さまざまの事物の反省へと提出される。大地の全表面は、それを蔽う草、そこに群がる獣らと共に、さながら陽光の作用を受ける写真の乾板のように敏感である。それは一つ一つのものが太陽の炉から取り出した色彩を返却しようと努めている大工場だ。

もろもろの事物はおのれを識るための、すなわち、この章の中に採用された意味では、おのれを拡がりの中に完成するための、二つの手段をもつ。それはおのれが隣接していること、もしくはおのれが補足していることを確証することにある。あらゆる事物はより普遍的な形式の中に登録され、或る絵画として整理される。すなわち問題は観点を探すこと、万物がそれに対して義務を負うているこの視線、それを見出すことにある。そしてわれわれがもろもろの事物を、それらにわれわれの与える或る一般的な性格の決定によって認識すると同様に、もろもろの事物は或る共通原則の利用によって、すなわち、物を見る眼にも似た光によって、相互に認識し合うのである。それぞれの物は見られるという必要に服従している。薔薇や罌粟《けし》は太陽に対する義務を赤で署名し、他の花はあるいは白となりあるいは青となってサインする。しかじかの緑が単独で存在し得ないのは、或る塊がそのもろもろの支点なしには存在し得ないと同様である。音階のそれぞれの音符は他のもろもろの音符を呼び寄せ、必要とする。いかなる音符も単独で感情を満足させると主張しはしない。それぞれの音符は、他の音符が響かせる音ではないという条件で存在する、しかしまた、これと同じく命令的な条件、すなわち、他のもろもろの音符がその音符をそれ自身の位置で響かせるという条件で存在する。世界のもろもろの異なる部分には、相互の認識があり、責務があり、したがって絆がある。それはあたかも、読める章句を形づくるために論文の各部分間にそれらが存するさまに似ている。そしてもろもろの見解のつながりとそれを表現するもろもろの語とがあると同様に、時刻がわれわれの周囲でその証人となっているもろもろの運動には、構成がある。時間が停止し得ないのと同様に、時間を造り出すもろもろの歯車も停止することができない。[*36]」(p. 72-75)

この第二段落で、際立たせられ、特筆されているのは、とくに万物の協調(コンサート)の語り手としての性格です。彼は、次のように述べています。世界が言語であるのは、そのなかのすべてのものが他のものと対立し、意味をもつために他のものを呼び求めるからだ、と。

ところで、もしみなさんがある日フェルディナン・ド・ソシュールの『一般的言語学講義』を開くと、そこに次のような注記を見出すでしょう。

「以上述べてきたことは要するに、言語には差異しかないということに帰します。それだけではない。差異といえば、一般に積極的辞項を予想し、それらのあいだに成立するものであるが、言語には積極的辞項のない差異しかない。所記をとってみても能記をとってみても、言語がふくむのは、言語体系に先立って存在するような観念でも音でもなくて、ただこの体系から生じる概念的差異と音的差異とだけです。一個の記号のうちにどのような観念または音的資料があるかということは、それがどのようなぐあいに他の記号に取りまかれているかということに比べて、あまり重要でない。[*37]」(p. 166)

「それら［記号］の間には対立しかない。[*38]」(p. 167)

「言語においては、すべての記号体系におけると同じく、一個の記号を区別するものが、それを組み立てるすべてなのである。[*39]」(p. 168)

「言いかえれば、言語は形態であって、実体ではない。[*40]」(p. 169)

今、ソシュールの鍵でクローデルを再び開けてみてください。クローデルはたんに、現実全体が神が語る言語《ラング》だと述べています。

ところで、哲学することが始まるのは、神が沈黙すると同時であり、ヘルダーリンが述べたように悲嘆のときであり、ものごとが形づくる多様性の統一性が失われたときであり、異なるものが比べることをやめたとき、不協和音が完成することをやめたとき、ヘラクレイトスのように語るとすれば戦争が調和的であることをやめたときです。

哲学が、世界と人間がもはや語らなくなったように見えるときに立ち上がってくる言葉であること、欲望する（***de-siderat***）言葉であること、星辰の静寂が神々の言葉から奪った言葉であることは、哲学のパラドックスです。

クローデルの作品を例にとってみてください。そこには詩的なものと宗教的なものが混在しています。この作品がそのエネルギーや激情の能力を引き出すのは、それが記号で完全に満たされた世界のなかに置かれていることからであり、またそれがあらゆるところに（『真昼に分かつ』*41の官能の激しい炎のなかにさえ）ためらうことなく同じ言葉を、始めにあったみ言葉《ヴェルブ》を読み解いていることからです。しかし哲学者とは逆に、このみ言葉《ヴェルブ》に続けて話し始める人間であり、したがって最初はみ言葉《ヴェルブ》をもっておらず、最後にもちたいと思い、そしていつまでも持ち続ける人間です。

みなさんは、いずれにせよ信仰者や司祭も、クローデルも、神の意味論をもっておらず、記号を解釈する危険を冒さなければならないのだとおっしゃるでしょう。そして彼もまた、彼を神の論理に結びつけている協定の全条項を知っているわけではないという第一の意味で自由であり、彼はさまようことができ、さまよわなければならないのだとおっしゃるでしょう。

おそらくその通りでしょう。しかしこの信仰はすでに病んだ信仰であり、キリスト教世界はすでに病んだ世界であり、そこでは神の子が死を見出した世界であり、ご存じのように自ら哲学に、言いかえればその意味についての問いに、その知性の探究に、地位を譲らなければならなかった文化です（聖アンセルムスが述べたように）。この宗教は、このさまよいを、言いかえれば規則《コード》の欠如を、自らの規則《コード》そのものに統合することができるのです。

次に、他方で科学を開始することができたのも、この世界においてです。ところで、科学の企ては、まさに事物に否認されることなく事物について正確に語ることのできる言語《ラング》を練り上げることです。そして数学を文法とするこの言語の企ては、第一に、数は失われた、事実は語らない、論理や公理系を新たに作り出さなければならないという、完全に非宗教的な確信に依拠しています。それは精神と事物の対話を再開できるようにするためではなく――それは科学がこれまで一度も抱いたことのない希望です――、むしろ少なくとも科学者の発話が、世界のなかにこの種の無言のうしろだてを手に入れ、成功した実験がもたらす不可侵の許諾を手に入れるためです。たとえ次のように言う人があったとしても、これはかわらないでしょう。魔法使いと科学者、シャーマンと医師を不可逆的に切り離すのは、前者〔魔法使いとシャーマン〕が少しクローデルに似て自分の属する普遍的象徴体系にとらわれていることであり、前者の言葉が効果的なのはその文化に属する人びと――彼自身を含む――によって宇宙を秩序立てているみ言葉《ヴェルブ》そのものとして聞き取られる限りにおいてでしかない、と。他方で科学者は、このような寒々とした象徴体系の不在を除けば何にもとらわれおらず、逆に偶然や偶然性、無秩序に魅了されています。科学者は、彼自身が不確実な記号からある秩序をでっち上げることによってしか、この秩序、理性や法則のネットワークに、偶然や偶然性、無秩序を吸収できないことを知っています。そして、一つの理論によって、事実の多様性のなかで未決状態にあった統一性に言葉を与えることができたと思えたときでさえ、科学者はこの統一性が自分自身の言説の反響でしかないのではないかと疑うことをやめません。〔しかし、現在〕科学への幻滅があります。抗生物質、ミサイル、精神分析家の流行は、たとえそれが素人に、聖なるものの記号である信仰心と畏れの入り混じった感情を引き起こさせる雰囲気をもっているとしても、むしろその欠如を示しています。

科学者が、自分自身の人気に眉をひそめて軽視することによって顔をそむけるのは、まさに科学者には、世界についての一般的象徴体系、つまり宗教を再興もしくは創設するつもりがまったくないからです。彼は、自分が一人であり、沈黙の世界に直面していることを知っているのです。

哲学の言葉は信仰の言葉ではありません、またそれは科学の言葉でもありません。それは、そこではすべてのものが記号であるような象徴体系や隠喩の論理と同じ平面上にありません。哲学の言葉は、意味作用をまるごと引き受けることも、実験室の科学者のように問いと答えを同時に作らなければならないことも受け入れません。

詩学とは対照的に、哲学は次のように述べます——これは私がキリスト教世界について先ほど述べたことですが——、代弁者でしかないことがきわめて確実な言葉が、それにもかかわらず言葉が表す意味を作り出し、いずれにせよそこでこの意味がとらえられる語を見つけなければならないのだ、と。結局、モーセはシナイ山頂で一人であり、十戒の石版に少し手を加えていないことを確かめることができるのは神しかいませんでした。このように述べることは、言葉のなかにある危険なもの、未分節の意味を言説に変える能動的な力を、元に戻すことになります。

しかし他方で哲学は、科学的公理系の形式主義に対して、その法外さにあっけにとられ続けます。虚空に築かれた言語体系《ラング》が、しかしながら自分の下に自分によって語られる事物を見出しているというわけです。哲学はアインシュタインの素朴な言葉を反芻します。「宇宙のなかで理解不可能なことは、それが理解可能だということである」。そして哲学は科学に、一見したところ非常に抽象的で直観から離れた建造物が——私たちはこの直観を通して事物に関係し、事物が私たちに関係するのですが——、それにもかかわらず身体と世界、可感的なもの《サンシーブル》（感じられうるもの）と感性的《サンシーブル》なもの（感じうるもの）、沈黙と言葉の根源的共謀に依存しており、あらゆる分節化された対話に先立つ話し合いに依存しているのではないかと尋ねます。そして今度は、このように述べることが、言葉の責任に、言葉の真理に、既存の意味を証明する言葉の受動的な力に、その地位を返すことになります。

そして哲学者は、この二重の批判あるいは二つの面をもつ反省を自分自身の言葉にも向けるのであり、哲学の言葉はこの点でもまたすべての人をいらだたせるものとして定義されます。つい先ほど、私たちは話すときに意味《サンス》の側と意味作用《シニフィカシオン》の側の両側に、それらを結合させるためにいると言いました。哲学の言葉は、この究極の、最高度の偏在性をもっており、それが語ること〔そのまま〕ではまったくなく、自らの主題の自発的推進力にとらわれたままにならないか、あるいはとらわれたままにならないよう努力します。哲学の言葉は、隠喩を掘り返し、象徴のあら探しをし、自らの言説の分節化を検証しようとします。そしてそれによって哲学の言説は、できる限り純化された言語《ラング》を形づくるよう導かれ、それに基づいてまたそれによって中断や欠落のない言説を、つまり無意識のない言説を発話できるようになるような論理と厳密な公理を探求するよう導かれます。『エチカ』の第一部の冒頭の命題は、「自己原因とは、その本質が存在を含むものと解する」[*42]つまり神だというものです。これは、ガラスに引いたダイヤモンドの線のようにきしみをたてる命題であり、この命題は、レンズ磨き職人だったスピノザの作品全体と同様、透明性の〔追求という〕使命に属しています。

しかしそれと同時に、哲学の言説は自由にふるまえず、自分自身を自制できません。そして自制できないことを知っており、自制しないことを強く望んでいます。なぜなら、もし哲学の言葉のなかに、清明な意識が置きたがっているもの以上のものがないとすれば、何もないことになってしまうからです。哲学の言葉は、見世物が始まる前の部屋のように、公理系のように、言いかえれば何でもよい物の論理、対象一般の論理のように、空っぽになってしまいます。そして哲学の言葉がもつ隠れた意味作用をとらえる能力、その意味作用を流通させ他のすべての人に共有してもらうためにそれらを分節化する能力、他人のなかに反響を見出す能力――というのもそれ自身反響するからですが――、自分を聞かせる能力――というのもそれ自身聞くからですが――、これらの能力は絶滅させられることになってしまいます。その場合、〔例えば〕『省察』のなかの一見したところ欠点のないデカルトの思考の進展のなかに、時期のはっきりした流れを中断する亀裂や切断や影を画定する必要はないことになります。そこには明らかな意味のすき間に挿入される潜在的意味があり、これが切り取られた諸切片を分離すると同時に一つにしています。そして結局もう一人のデカルト自身、第二省察でコギトをしっかり確証したときに何と述べたでしょうか。彼は第三省察で、この絶対的投錨点〔コギト〕が、それ自体別の係留地つまり神に投錨しているということ、したがって私たちが「私は考える」と言うとき、神、エスが、私たちの思考のなかで考えていると言っているのだということを認めるのです。哲学の言葉は、今日、自らが一つの夢物語として、エスが語る言葉として理解されうるということを知っています――完全な厳密さを、絶対に開いた目をもつことを夢見たとしても。だからこそ、形而上学の諸体系の時代は過ぎ去ったのです。

哲学にすべてを求めたとしても、哲学からはみなさんの求めに対する答えを得られないことを、よくご理解ください。子どもにとっても、もはや母親がすべてに答えることができなくなる瞬間がくるものです。哲学者たちが言葉を与えたとしても、その言葉は私たちが求めたこと以下のことと、以上のことを同時に含んでいます。哲学の言葉が求めたこと以下のことを含んでいるというのは、哲学者たちが私たちに与えてくれる言説は、未完成のままであり、完全に閉じて自足することはないからです。ちょうど例えば辞書がそのように見えます。そこでは、それぞれの単語が次から次へと他のすべての単語を参照し、それ以外の何も参照していません。しかし哲学者は、この記号の連鎖、この種の円環型の無限の回帰が、私たちの最初の言語《ラング》へのアクセスを前提にしていること、私たちが語の流れをとらえるためには、まだ語られていない私たちの全経験と共にすでにそのなかにいなければならないことを、けっして忘れることがありません。そして哲学者は、この言うことのなかへの言われていないことの現前こそ、あらゆる定義以前にその真理を形作っていることを知っています。けれども哲学の言葉は、自分が与えられると思っている以上のことを含んでいます。それはまさしく哲学の言葉が、望んだ以上の音を運ぶからであり、隠れた意味作用を指示することなく露呈させるからであり、こうして詩人や夢想家の聴衆と比べられるような聴衆にふさわしいものだからです。

哲学の言葉には、明示的にめざす真理が欠けています。そして、それにもかかわらず哲学の言葉は、自らが語ることの側にいて、その側で語り、真実です。哲学の言葉と真理の関係について、デュ・ベレ[*43]が『オリーブ』の第一二ソネットで書いたことが言えるかもしれません。

私には闇は明るく、光は暗い
私はあなたのものだが、私のものではありえない［…］
手に入れたいと望むが、求めることはできない
私はこうして傷ついているが、治りたいと望んでいない
この老いた、盲の、射手の、裸の、子ども

哲学の言葉は欲望をとらえません。逆に、老いた裸の子どもこそ、哲学にとって

も師なのです。

私たちが冒頭で述べたように、哲学によって欲望は反省します。私たちはこの反省、この取り上げ直しが、言葉によるものであることを知っています。より正確に言えば、ソクラテスがアルキビアデスの欲望を問題視しながら受け入れたのと同じように、哲学が言うべきことを為すがままにさせると同時に、為すがままにはさせないこと言葉によるものであることを知っています。私たちは哲学者が、反省によって、またどれほど練られたものであっても言葉によって、欲望の法則を、盲目と射手の傷を、世界が私たちに備給される＊44この子ども時代を、まぬかれえないことを知っています。したがって私たちは、不在と現前の対立、項と項の間に生まれる動きを、言葉の核心そのものに再び見出します。一方でそれは、十全な意味を追求する言説の展開であり、あらゆる言葉の意味作用の不足です。他方でそれは、意味による言葉の包囲、意味作用に対する言葉の過剰、言葉の源泉です。言葉が哲学的であるのは、それが欲望が示す問いに対して、語によって、幻影のようにはっきりした一つの体系によって答えることを望むからではなく、たんにその言葉が、他のすべての言葉と同じように、最も欲望をとらえようとしているときでさえ、「欲望に」とらわれていることを知っているからです。

欲望は、哲学の言葉のなかで反省することによって、欲望自身が、あらゆる言葉の法則であるこの意味作用の過剰と過少だと認識します。

今や、私たちは

「なぜ哲学するのか」に対して、さらに別の問いによって答えることができます。

「なぜ話すのか」。そして、私たちが話している以上

「話すことは何を意味し、何を意味しないのか」、という問いによって。

第四講　哲学と活動について

私たちは、本日終了する四つの講義の第一講において、どのようなものでも欲望に属している可能性があるように、哲学も欲望に属していること、哲学にはどれほど「単純な」情念であれそれ以外の性質はないこと、しかしただこの欲望、この情念は自分の方向に屈折しており、反省すること――要するに自らを欲望する欲望であること――を明らかにしようとしました。

第二講で、私たちは、哲学の起源を探そうとすることは、少々むなしい企てであること、なぜなら私たちが苦しんでいる欠如、哲学を生み出す欠如――統一性の喪失――は、過ぎ去っておらず、かつてのものではなく、この度のそして再度のもののであること、言いかえればたえず反復していること――したがって哲学にはそれ自身とともに起源があること、この点で哲学は歴史であること――、を見てきました。

第三講で、私たちは、哲学の言葉がどのようなものでありうるかを検証しました。そして私たちは次にように結論づけました。要するに、哲学の言葉を一貫した充足した言説のなかに閉じ込めておくことはできないこと（私たちはこの不可能性を、辞書の例で示しました）、この言葉はつねに自分が言いたいことの手前にあって、十分に言えないこと――また同じように自分が言いたいことを越えていて、言い過ぎること――、そして哲学の言葉はこのことを知っていること、です。

もし私たちが、今、これらすべてをひと抱えに集めたとすると、哲学することは何の役にも立たず、どこにも行き着かないと結論しなければならないことになるでしょう。というのもそれは決定的な結論をけっしてもつことのない言説だからであり、いつまでもその起源を、けっして満たすことのできない欠如をともない続ける欲望だからです。永遠の貧者であり、いわば一時しのぎとして言葉によって生きる哲学者が、同僚に哀れな姿を見せても、同僚たちの方はみなさんにこう伝えるでしょう。哲学することは、実際何の役に立ちうるのか、と。紀元前三九九年のある日のアテネの法廷から聞こえるざわめきが、実際それは何の役にも立たないと答え、そして「死を」というあの声が、遠くから哲学者に投げつけられます。

今日、私たちの住む先進諸国では、もはや哲学者が殺されることはほとんどありません。少なくとも大杯になみなみと注がれたドクニンジンの杯を飲ませることによっては。しかし、哲学者を毒殺すること以外の方法で哲学を殺すことはできます。哲学者にそこにいることを禁じ、社会のなかに欠如をもって現れることを禁じ、例えばソクラテスがしたように礼拝の責任者に無邪気な様子で信心深いとはどういうことかと問いかけるのを禁じることによってです。哲学者がこのようなことをするのを禁じることができますし、哲学者をどこか遠くに追放することもできます。その結果、彼がいないことで、発展の豊かなメロディーのなかにあまり騒音や不協和音を立てずにすみます。結局のところ、哲学者は、外部に、戸外にいて、世界を解釈することになります。これなら世間に迷惑をかけません。そして時おり、この幽閉された反芻から一つか二つの「思想」が生まれることがあります。これらの思想は、何人かの熟練した忍耐強い技術者が、ものごとを変えるための、とくに人間を変えるための道具に翻訳することができれば、おそらく利用できるものになるでしょう。

みなさんは、一八四五年頃の青年マルクスによる、『フォイエルバッハ・テーゼ』の最後の第一一テーゼをご存じでしょう。それは次のように述べています。「哲学者たちはただ世界をさまざまに解釈してきたにすぎない。肝腎なのは、世界を変革することである」[*45]。私は、このマルクスのテーゼのなかに、哲学の無力さ、無能力、無効性の本当の意味の広がりについて反省するための、よい出発点があると思います。青年マルクスの断固とした言い方にもかかわらず、そのおかげで私たちはものごとがそれほど単純ではないことを理解できます。マルクスや真のマルクス主義に対立してではなく、それらのおかげで理解できます。すなわち、一方に語る人間がいて、他方に活動する人間がいるわけではない、ということです。

先週、口に出して言うことで、言われたことは変わると申しあげました。また他方でみなさんは、しようと思っていることを知っていなければ、言いかえれば、しようと思っていることを言わなければ、またそれについて自分や他の人と議論しなければ、活動できないことをご存じです。このことはただちに、哲学と活動の連絡を復活させる二つの理由になります。しかし、言うこととすることのあいだのこの相互浸食をもう少し深めてみましょう。

マルクス主義には、一見したところ決定的でラディカルな哲学批判があります。この批判のラディカルさは、まさにマルクスが哲学に十分な広がりを与えたことから生じます。彼は哲学を非常に重要なものととらえていて、饒舌のせいで哲学を追放してこと足れりとはしません。マルクスは、哲学が現実から切り離された反省であること、私たちが先に述べたように、哲学には現実存在から切断された心の現実存在があることを示すだけでなく、この独自の反省には、無意識のうちに現実が住みつき、現実存在や現実の人間の諸問題が住みつき、現実社会の問題構制が住みつくことを示しています。マルクス主義がイデオロギーと呼ぶもの（そして哲学はイデオロギーの最前列にあります）は、たんなる現実の自発的表象ではありません。それによれば、哲学者や思想家は現実の一隅にいて、ひとりでうわごとを喋っており、結局人類は、歴史の流れのなかで、得るところなくしかし大きな損失もなく、このお喋りな狂人つまり哲学者を運んできたということになります。いや、マルクスはヘーゲルの教えを軽視していませんでした。マルクスは、虚偽命題の内容はそれ自体で虚偽なのではなく、分離して絶対的なものととらえられたときにはじめて虚偽なのだということ、逆にそれが切り離された元のものと一緒にされたとき、この内容は一つの契機、進行中の真理の一要素としての姿を見せるということを、忘れていませんでした。

したがって、虚偽意識[*46]でさえ、一見したところ最も洗練されているように見える哲学的反省としてのイデオロギー、例えばプロティノスやカントの哲学でさえ、マルクス的な意味では根拠があります。言いかえればそれは、その根っこが、その問題構制そのものが現実に浸っており、現実によってその頂その頂点が完全に調和を失っているようにみえるのです。

例えば、デカルトの哲学からカントの哲学にいたるまで、自由が、ますます人間や世界の概念の焦点に位置づけられるテーマとして、理論のなかの決定的な概念として姿を見せるようになってきたのは、実践のなかである潮流が形をとり、膨らんできたからであり、それがフランス革命以後ヨーロッパを取り囲むようになるからです。それは、社会と人間の新しい世界が開花することを妨げてきた古い世界のなかで、この新しい世界が育ってきたからであり、またこの新しい世界が、自由という哲学的な問題構制のなかに自らの欲望の表現を見出したからです。それは、ここでも完全にできあいの表現ではなく（みなさんは、例えばこの自由というテーマが、ギリシア哲学のなかで、本当の意味では支配的でなかったことをご存じでしょう）、むしろ、そこにこの流れこの新しい世界が願望の数々を置き蓄積しておくことのできる一種のイデオロギーの集積場なのです。そしてこの流れは現実のなかでは抑圧されるので、また現実の欲望が個人のなかに現れることはできず、端的に不可能なので、言いかえれば力がない、欲望自身にしたがって人間やものごとを組織化する力がないので、この欲望、この流れは、別の仕方で自らを語り、変装し、現実の別の領域で権力ゲームを行う必要があります。その際、イデオロギーをもち、哲学をもつことになるのです。

ついでに指摘しておきますと、この概念が虚偽や欺瞞のせいで生じるとする状況の点で、この概念はフロイトの概念に非常に近いものです。というのも、少なくとも概観したところ（そしておそらく表面的には）、フロイトの場合もその状況は同じように現実の所与とリビドーや衝動との葛藤だからです。とくに母親を保護、絶対的安全、すべてに応えてくれるものと見る子供の傾向と、母親を離さないでいることの禁止、想像上でも母親と結婚しようとすることの禁止との葛藤だからです。この葛藤が、夢の幻影、ノイローゼ、あるいはさらに昇華といった精神分析的な意味での「イデオロギー」を引き起こすのです。

したがって、マルクスの哲学批判は、その深さを完全にとらえています。哲学は、壁が緑であるのに赤だと述べてしまう判断の虚偽と同じように虚偽であるわけではありません。

哲学が虚偽であるのは、哲学が別の世界、「形而上学的」世界のなかへ移動する点にあり、フロイトならこう言うでしょうが、哲学がこの世界に、この世界にのみに依拠していることを昇華してしまう点にあります。

したがって、確かにイデオロギーの真理があり、それは現実的な問題構制、その時代の問題構制を反映していますが、その虚偽性は、イデオロギーによるこの問題構制の反映、イデオロギーの知らせ方そのもの、現実の人間の諸問題を制度化する仕方が、その諸問題を現実世界の外に取り除くだけで、解決する方向には導かない点にあります。

このように哲学をイデオロギーとして特徴づける哲学批判は、ラディカルな批判だと言うことができます。というのもこの批判は、哲学特有の次元は存在しないということを決定的に意味しているからです。なぜなら〔この批判によれば〕哲学の問いは、哲学の問いではなく、書き替えられ、別の言語《ラング》にコード化された現実の問いだからです。この言語《ラング》は、別の言語《ラング》である以上、欺かれたものであり、欺くものです。もしこう言ってよければ、哲学の現実性は、現実の非現実性からしか生まれません。それは現実のなかで経験される欠如から生まれ、別のものへの欲望、社会のなかで機能している人間関係の別の組織化が、古い社会形態から解放されるまでに至らないことから生じます。したがって人間の世界（そしてマルクスにとってこの人間の世界は、個人の世界であると同時に、個人間の社会的世界でもあります)、現実の人間の世界にいくばくかの欠如があり、そこにいくばくかの欲望があるがゆえに、哲学はこの欠如のなかに非人間的な世界、形而上学、別の場所、彼岸を作り出すことができるのです。

マルクスが哲学によってごまかしていないのがおわかりでしょう。彼は哲学を最も深い審級、つまり欲望の審級でとらえており、まさに哲学を欲望の娘として示しています。

ただ、彼は同時に、彼の置かれた状況のせいで、この哲学の本質的な無力を明らかにします。マルクスの視角でとらえると、哲学は自分自身の終焉を探求していることになります。哲学は、自らの起源にあるこの欠如についての問いに、言葉によって決定的な答えを与えようとします。(ついでに注意しておいていただきたいのは、このように哲学を完全で充足した言説の推定として評価することは、ヘーゲルがマルクスに与えた影響から来ていることです。ヘーゲルは、〈真理〉は〈全体〉であり、〈絶対者〉は本質的に〈結果〉である、言いかえれば終わりになってはじめて真の姿になると述べました）。ヘーゲルにとってと同様、マルクスにとって、哲学は哲学の死を探求するものであり、そこに哲学の最も真正な情熱があります。実際その場合死は、もう哲学する必要はないことを意味するでしょう。そしてもし、もう哲学する必要はないのだとすると、それは哲学しなければならない必要の根にある欠如が、欲望が充たされたことの徴だということになるでしょう。しかしまさに、マルクスのいう意味でのイデオロギーとして理解された哲学は、自分自身に終止符を打つことはできませんし、その日々に終わりを告げることもできません。というのも哲学は、その現実存在をもっぱら人間的現実のなかにある欠如に負っているからであり、言葉によって欠如を埋めるためにその欠如に支えを求めるからであり、哲学の言葉は哲学的イデオロギー的であり疎外されている以上現実の欠如を埋めることができないからであり、哲学は別のところ、彼岸、別の場所で語るものだからです。個人が現実のなかで出会う諸問題の解決策を、心地よい夢を練り上げることで探した方がましだということになります。

したがって、「肝腎なのは、世界を変革することである」ということが意味するのは、もはや夢見ることつまり哲学することが必要ないように現実を変革し、生活を変えなければならないということであり、私たちが分離された夜の眠りの狂気の世界のなかではなく、白日の下で目を見開き新しい素朴な眼差しをもって立つときに、私たち全員が共有しているこの世界のなかで、私たち自身を所有しなければならないということです。この現実主義的な要求に対して、横になって他所の闇のなかにいる哲学者は、何ができるのでしょうか。

しかし今や、マルクス自身と共に、この一世紀の世界史全体とともに、マルクス主義によって深く徴づけられた歴史と共に、私たちに提案されている白日の下での行動に、これ以上待てないものの焦燥と怒りとともに「フォイエルバッハテーゼ」の第一一テーゼが呼びかけるあの「世界を変革すること」に立ち返りましょう。

まず最初に言っておかなければならないのは、当たり前のことですが、マルクス主義者、ただし言及に値するマルクス主義者にとって、実践つまり現実を変革する活動は、何でもよいような活動ではないということです。あらゆる活動が、実際に対象を変革するわけではありません。偽りの活動、見かけは有効な活動、すぐに結果が出るが本当はものごとを変革しない活動があります。一般的な意味での政治家、一般的な意味での指導者は、予定でいっぱいの手帳をもち、机の上に四つの電話があり、三通の手紙を同時に書き取らせ、その雄弁さによって満場の人びとを昂揚させ、指揮下に二万人がいますが、必ずしも現実を変革する人ではありません。彼はたんに、今あるものを維持し、ものごとや人間関係を過去の状態に保ち、あるいは衝撃がないように注意しながらそれらを発展させ、発展を支援する人でしかありえません。言いかえれば、結局彼らは、発展するものを現実に変革することは受け入れないのです（まるで、わが子が成長することを望んではいるが、子供が子供ではなくなる、初めのころのような子供ではなくなってしまうという理由で、子供が大人になることをけっして許さない母親のように）。

このタイプの活動は、保守的なものであれ革新的なものであれ、同じように変革活動からほど遠いものです。変革活動は、マルクスの表現による意味では（私たちがこの問題に着手したときの視角で、つまり哲学と活動の関係という視角で見たとき）、虚偽意識を、哲学を、イデオロギー一般を破壊すること、あるいは破壊するのに貢献することにあり、イデオロギーによる惑乱の起源である欠如を実践的に埋めることにあります。

これは、このような変革が何に依拠しているということでしょうか。マルクスにとって（そして、マルクスよりも、さらに一世紀の実践を行い、マルクス主義者であることを望んだ実践を行ったという不可逆的特権をもつわれわれにとって）、活動がいかに単純な仕事や純粋な操作でないか、やがてわかっていただけるでしょう。世界を変革することは、何でもよいから何かをすることを意味しません。世界を変革しなければならないとすれば、世界が自らのうちに別のものへの願望を含んでいるからであり、世界に欠けているものがすでにそこにあるからであり、世界自身の不在が現前しているからです。そして有名な次の一節が意味するのは、もっぱらそのことです。「人間が立ち向かうのはいつも自分で解決できる課題だけである」[*47]。もしマルクス主義者が現実のなかの傾向性と呼ぶものがなければ、いかなる変革の可能性もないでしょうし、先日言葉について述べたように、もしすべてが許されるなら、何でも言えるだけでなく何でもできることになってしまいます。世界が変革されなければならないとすれば、それは世界がすでに変革しているからです。現在のなかに、未来を予告し、予期し、呼び求める何かがあるのです。ある瞬間の人間は、たんにそれが現在あるように見えるもの、優れた心理・社会的調査であれば写真のように示すことができるもの（またそれゆえ、この種の写真のような調査は、つねに出来合いの型にはまった凡庸さによって非常に失望させるのです）であるだけでなく、まだそうなっていないもの、混乱しながらもそうなろうとしているものでもあるのです。

別の用語、前回の講義で使った用語を使うと、ものごとや人間関係に引きこまれた意味がすでにそこにあるということであり、現実に世界を変革することは、この意味を解放することであり、それに十分な力を与えることなのです。

みなさんは、今、語ることと為すことのあいだの深い類比関係を感じておられるでしょう。話すことは、「（メルロ＝ポンティが言うように）沈黙のコミュニケーションの波に包まれた」隠れた沈黙の意味作用を取り集めて、分節化された言説に育てると先に述べました。また、現前していると同時に不在であるこの意味作用こそ、この言葉という書き写しに、全責任や間違える危険だけでなく、真である可能性をも与えると述べました。

ところで、この同じ問題が、活動についても世界の変革についても生じます。すなわち、現実の潜在的意味とはどのようなものか、願望とはどのようなものか、欲望とはどのようなものか、そしてそれが活動できるようにするためには、言いかえればそれが権力をもつようにするためには、どのようにそれを表出すべきか、といった問題です。

変革活動は、語の正しい意味での「理論」なしにすませることはできません。言いかえれば、「いま起こっているのはこういうことであり、それ〔エス〕はこうなりそうだ」とあえて言う言葉、そしてこのことだけから出発して少なくとも言説のなかでこの〈エス〉*48を組織化し始める言葉、現実の欲望を現実に欲するあるいは現実と同じ欲望を欲する言葉、これなしにすませることはできないのです。

マルクスは次のように述べました。「思想が〔みずからの〕実現を迫るだけでは十分ではなく、現実がみずから思想となることを迫らねばならない」(『ヘーゲル法

であり、世界が言葉にやってくる場合だけなのです。

哲学批判序説』*[49]）。思想と言葉が真であるのは、現実が思考にやってくる場合だけ

したがって私たちは、世界の変革だと考えられる活動（この名に値する唯一のもの）が、あの矛盾に満ちた受動の力――そこにこそ活動の潜在的な保証があります――を前提にしていることがわかります。これについてキーツは、以前私たちが読んだ手紙のなかで語っていました。与えるためには受け取らなければならない、語るためには聞かなければならない、変革するためには寄せ集めなければならない、そしてギリシア人が寄せ集める活動と、言う活動を示すのに同じ単語をもっていた〔ロゴス、動詞形はレゲイン〕のは、おそらく偶然ではないでしょう。

したがってみなさんは、いわば「活動に飛び込む」ことによって、あの必然性、ヘラクレイトスが述べたように、あの負債の法則を逃れられないこと、かつてないほど逃れられないことがおわかりでしょう。それによって、活動は、言葉や、私と他人の関係、私の身体的現実存在と同じように、一つの交換《やりとり》になります。私たちの文明がやっているように、活動と操作、活動と獲得を混同するには、現代に固有の

盲目が必要であり、活動することの意味そのものの恐るべき歪曲が必要です。やはりマルクスが知っていたのは、公認の後継者たちが現実のなかですっかり忘れていますが――たとえ彼らの唇にマルクスの言葉がまだ残っていたとしても――、行うことは行わされることであり、この受動性は最大限のエネルギーを必要とするということです。

この分析地点までたどり着くと、またマルクス主義の哲学批判につき従ってくると、私たちは世界の変革活動についての問いを、実際に問われているような仕方で立てることができます。すなわち、私たちが行おうとしている現実の読み方がよいものであることを、また願望や、私たちの変革作業のよりどころにしようとしている傾向性が、確かに願望であり、本当に世界を機能させている傾向性であることを、どのようにして知ることができるのかという問いです。

イデオロギー批判の後ですので、マルクス主義に律法の石版〔十戒〕も啓示もないことは明らかなはずです。

私たちは、ほかの場所ですで語られた言葉や、彼岸で立てられ、ものごとの基盤に由来するといわれる律法（結局、以前述べたように、誰にとってもそのようなものはないのです）を信頼することはできません。以下がマルクスの考えていることです。キリスト教徒自身、書かれたものだとつねに信じてきた律法を発明し直さなければならない以上、日々の選択のなかで、他者や自分自身との関係のなかで、彼が受け止めるべきだと考えたことや撥ねつけるべきだと考えたことのなかで、律法を書き直さなければならないのです。キリスト教徒たちは、そのことについて証言してくれるでしょうが、それでもなお他の人たちよりも議論し、協議し、評議会や公会議を招集しなければならないのです。したがって、律法の絶対的超越性は、それ自体としては体験できず、厳密な意味では生きることができないことになります。

このことが意味するのは、歴史と社会の領域や、生成状態でとらえた人間関係の領域には、歴史の意味や社会の意味を決定する成文法はないということです。このことが意味するのは、これまで歴史と活動の哲学を支配してきた考えであり、現在でも支配している考え、つまりまさに形而上学的な考えを捨てなければならないということです。すなわち、さまざまな立場にもとづいて異なるリズムで展開されているこうした社会のすべての混乱、葛藤、社会階級間の闘争、これらすべてが、その解決策として革命に導かれるという考え、これらすべてが川が海に流れるように終焉に向かうという考えです。明らかな混乱を解読するために、そして現実の秩序を見えるようにするために、要するに絶対確実な政治を行うために、自分の持ちものであるかのように歴史の意味〔＝方向〕を理由にすることはできないのです。絶対確実な政治はありません。既得のものは一つもないのです。

そしてこの活動の誤りやすさには、マルクス主義が私たちに教えてくれる非常によい理由が少なくとも一つあります。私たちはこの理由を考えてみなければなりません。というのも、それは私たちを哲学と活動の関係の最も近くまで導いてくれるからです。その理由はこうです。世界が変革されることを求めているというのが本当だとすれば、それは現実のなかに実現することを求める意味があるからです。しかしこの意味が実現することを求めるというのが本当だとすれば、それはその実現が何らかの仕方で妨げられているからなのです。

ここで少し迂回することを許していただきたい。私はこれによってものごとが明らかになると思います。かつて現代の考え方や行動の仕方に影響を与え、現在も与え続けている書物（フランス語のタイトルは『サイバネティクスと社会』となっています）のなかで、著者のノーバート・ウィーナーは、科学者にとって世界の本当の見方は、マニ教的〔善悪二元論的〕ではなくアウグスティヌス的かもしれないと書いています。

ウィナーが言わんとするのはこういうことです。

「アウグスティヌスの立場からみれば、世界の黒（すなわち世界の不透明性、その不可解さ、その混乱）の側は消極的なもので、単に白（つまり明晰さ、理性など）が欠けていることにすぎないが［これがアウグスティヌス的概念です。悪や誤謬についての自律的原理がないのです］、マニ教の立場では、白と黒は互いに向かい合って並んでいる二つの敵対する軍勢に属するものである。[*50]」（p. 241-2）

そして例えば物理的世界は、私たちがそれを理解するために行う努力に対して、予定の抵抗を対置することはないというのは本当です。それは、科学者を混乱させ打ち負かすために明示的意味を隠すようなことはありません。ただ、社会や歴史、政治（つまり人間の共同体の問題）が問われるとき、このマニ教の拒絶、つまり正面に敵がいて、この敵が自分の敵である私に対してゲームを仕掛けているのだという考えの拒絶は正しいのでしょうか。マルクス主義的な問題構制の用語を取り上げ直しましょう。なぜある意味をはらんだ社会は、『共産党宣言』の冒頭が述べるように幽霊に取り憑かれ、欠如に取り憑かれた社会は、暴力なしにこの意味作用を産出することができないのでしょうか。社会は、それを妨げられているからでないとすれば、なぜ自分がいだいているものについて、はっきり述べることができないのでしょうか。またもし妨げられているのだとすれば、それは〔チェスの駒のように〕整列した軍隊があるからであり、意識的・決定的に敵を押し返そうとする願望に正対する敵がいるからではないでしょうか。

しかし、このように述べるだけではまだ十分ではなく、またマルクス主義はおそらくウィナーが考えていたらしいほど素朴にマニ教的でもないでしょう。マルクス主義は、勝負が始まるときのチェスの駒のように向かい合って整列した敵同士がいるわけではないことをよく知っています。マルクス主義は、かなり以前から勝負が始まっていること、駒は入り乱れて、あるいは背中合わせで戦っていること、全体として補完的であると同時に対称的な関係を形作っていることをよく知っています。このことが意味するのはまさに、敵は外部にいるだけでなく、内部にもいるということです。

したがって、この「内部」をきわめて明晰に理解しなければなりません。敵は私の思想の内部にさえいるのですから。

社会階級という形での社会の切断は、実践の切断でもあります。言いかえれば、理論による社会関係の静かな変革の切断です。

現実の解釈、社会が現に欲していることの表明の了解、したがってマルクス主義自身から見た革命理論そのものが、通常実践から切り離されており、マルクスが支配的な思想と呼んでいるものによって、つまり彼の言う支配階級の思想によって少しずつ絶え間なく備給されています。したがって理論と実践の結びつきは、たえず間違いと隠蔽の可能性にさらされています。結果として、マルクスにとって、言葉が、たんに、いわば素朴に、それを必要としているものにやってくる可能性はなく、矛盾に満ちた仕方でしかやってきません。社会を動かしている別のものへと向かう運動、マルクスがプロレタリアートに体現されていると見たその絶対的欠如、彼の述べたところによればこの階級においては、「なにか特別の不正ではなく不正そのものを蒙っている」[*51]、欠如と運動としてのプロレタリアートは、言語に、分節化に、理論に、組織化に、自発的に近づくことができません。この欲望、つまり欲望の現在ある姿としての暗黙の意味と、この欲望への欲望、つまり欲望や社会全体が陥っている分離と混乱を実際に解消するためのあるべき姿としての明示的な意味とのあいだに、言葉、理論、組織化の責任とリスクがあります。それは、原理上、また当初、この欲望から切り離されており、プロレタリアートから孤立していますが、それについて熟慮することができるようになるためには、その欠如と一致するようにならなければなりません。

私たちはつねに真実のもとにあります。なぜなら、ものごとのなかの、私たちをとりまく世界のなかの、私たちのあいだのまた私たちのなかの暗黙の意味が、言葉にはみ出しており、自らを分節化する意味を支え、導いているからです。しかし、私たちは真実のなかにはおらず、真実のもとにはいません。なぜなら私たちがそれについて言いうることを越えて、私たちの「意識」を越えて、あるずれが現実全体を維持しているからです。しかし、活動の観点から考えることは、いずれにしても正しいことです。それはすでに考えられたことに入っていくことではありません。それはすでに制度化された分節化に入っていくことでもありません。それはまず記号表現《シニフィアン》から記号内容《シニフィエ》を切り離すすべてものと闘うこと（現在私たちがいるこの瞬間に）、言葉を語り出そうとする欲望を妨げるすべてのものと闘うことです。言葉で、力で。

マルクス主義がマニ教とはかけ離れていることがおわかりでしょう。理論（マルクス主義自身をはじめ）は、そのイデオロギー的な社会的・歴史的立場によってたえず蝕まれていきます。それは、マニ教が言うように裏切りによってではなく、すでに考えられたことのなかの瓦解、制度化されたもののなかの変質によって、内部から蝕まれるのです。資本主義は、現在言われているように「陣営」ではなく、人間と人間が作るものとのあいだ、人間と他者のあいだ、人間と人間が考えることとのあいだに入り込む不透明さです。既成のマルクス主義の真ん中に、いわゆる革命的意識のただ中に、あのルカーチが述べたような物象化としての資本主義を見分けるのは難しくないでしょう。

私たちは、哲学自身認めるところですが、哲学がいかなる書類を再び閉じることもなく、いかなる体系を締めくくることもなく、厳密に言って何にも導くことがない以上、いったい哲学することは何の役にたつのかと自問してきました。

私たちは、こう答えるでしょう。みなさんは〔哲学によって〕欲望から、現前‐不在の法則から、負債の法則から逃れられませんし、どのような逃げ場も見出せないでしょう。まさにそのことによって、避難所とほど遠い活動のなかで、みなさんは言わなければならないことや、しなければならないことを名指す責任に、いいかえればみなさんが（いわば）「それに対して」働きかけようとしている世界のなかの隠れた意味作用をみなさんの全責任で記録し、理解し、書き取る責任に、どのような省察よりも公然とさらされることになるでしょう。

みなさんは、世界を理解することによってのみ、この世界を変革することができます。そして確かに哲学は、硬直化した飾りもの、良家の子女の暇つぶしであるような雰囲気をもっているかもしれません（なぜなら、哲学は超音速飛行機[*52]を生み出すことはなく、部屋のなかで作業をし、ほとんど誰にも興味をもたないからです）。哲学は、これらすべてである可能性があり、現実にそうなのです。残っているのは、哲学が、現実のなかにある欲望が欲望自身に到来する契機に、私たちが個人としてあるいは集団として我慢している欠如が名乗り、名乗ることによって自らを変える契機になること、またなりうることです。

しかし私たちが、ついにこの欠如を経験しなくなるようなことはあるのか、とみなさんはおっしゃるでしょう。哲学は私たちに、いつ、どのようにこの欠如と手を切ることができると言うのか、と。あるいは、もし哲学が、現在それを知っているような様子なので、この欠如が私たちの法則であること、すべての現前が不在を背景にして現れることを知っているのなら、絶望して愚かになった方が正しく合理的ではないか、と。しかし、愚かさのなかにも逃げ場は見つからないでしょう。というのも、欲するのは愚か者ではないからです。その場合、みなさんは、コミュニケーションややりとりを拒否しなければならなくなります。絶対的沈黙を手に入れなければならなくなります。ところが絶対的な沈黙はないのです。それはまさに世界が混乱した仕方ではあっても、すでに語っているからです。またみなさん方自身が、少なくとも夢を見続けるであろうからです。それは、これ以上もう何も聞きたくないときでさえ、あまりに多くのことを語ります。

したがって、なぜ哲学するのかの理由は、以下の通りです。なぜなら、欲望があるからであり、現前のなかに不在があるからであり、生のなかに死があるからです。また同様に、まだ自分のものになっていない私たちの力があるからです。また疎外があること、既得だと思われてきたものの喪失があること、したこととすることのあいだにずれがあること、言ったことと言うことのあいだにずれがあることによってです。そして最後に、私たちは、私たちの言葉によって、欠如の現前を傷つけることを避けられないからです。

実際、どうして哲学せずにいられるでしょうか。

訳注

＊1――J-F. Lyotard, *Discours, figure*, Paris, Klincksieck, 1971.〔『言説、形象（ディスクール、フィギュール）』合田正人監修・三浦直希訳、法政大学出版局、二〇一一年〕

＊2――J-F. Lyotard, *Le Différend*, Paris, Minuit, 1983.〔『文の抗争』陸井四郎・小野康男・外山和子・森田亜紀訳、法政大学出版局、一九八九年〕

＊3――「哲学の流れを主題とする意見書」J.-F. Lyotard, *Le Postmoderne expliqué aux enfants : Correspondance, 1982–1985*, Paris, Galilée, 1986.〔『ポストモダン通信――こどもたちへの一〇の手紙』管啓次郎訳、朝日出版社、一九八八年。『こどもたちに語るポストモダン』ちくま学芸文庫、一九九八年〕

＊4――J.-F. Lyotard, *Dérive à partir de Marx et Freud*, Paris, UGE, 1973; nouvelle édition Paris, Galilée, 1994.〔『漂流の思想――マルクスとフロイトからの漂流』今村仁司訳、国文社、

一九八七年〕

＊5——訳者解説参照。

＊6——J.-F. Lyotard, *La Phénoménologie*, Paris, PUF, 1954.〔『現象学』高橋允昭訳、白水社、文庫クセジュ、一九六五年〕

＊7——アントワーヌ・キュリオリ（Antoine Culioli, 1924–）フランスの言語学者。パリ第七大学等で教え、多くの言語学者を育てた。後に『発話の言語学のために』（éd. Ophrys, 1991–1999）四巻にまとめられる発話操作理論で知られる。

＊8——J.-F. Lyotard, *Que peindre ? Adami, Arakawa, Buren*, Paris, La Différence, 1987.; nouvelle édition Hermann, 2008.

＊9——文学部などいくつかの学部における一年間の課程で、一九四八年に設けられ一九六六年に廃止された。

＊10——フランス語の「なぜ（pourquoi）」という語は、「〜のために（pour）」という語と「何（quoi）」という語からなっている。

＊11——philosophie（哲学）の語源は、古代ギリシア語のphilein（愛する）とsophia（知恵）からなる。

＊12——ハイデッガー『杣径』辻村公一訳、創文社、一九八五年。

*13――訳者の調べた限り、アランのテクストに出典を見つけることはできなかった。ただ、カンギレムのテクストに次のような一節があった。「哲学とは、あらゆる未知の材料が適している思索である。しかも、それに適した一切の材料が未知でなくてはならない思索であるといいたい」（Georges Canguilhem, *Essai sur quelques problèmes concernant le normal et le pathologique*, 1943, réédition augmentée comme *Le normal et le pathologique*, P.U.F. 1966, p. 7）〔滝沢武久訳『正常と病理』法政大学出版局、一九八七年、九頁〕。エチエンヌ・バリバールは、カンギレムが講義の中でこの言葉をブランシュヴィックによるものだとして、スローガンのように繰り返し使ったと証言している（Etienne Balibar, « Le structuralisme, une destitution du sujet ? », *Revue de Métaphysique et de Morale*, numéro spécial, janvier 2005）。

*14――九〇〇―一二〇〇年ごろ中部メキシコを支配し、アステカ人やマヤ人の文化に影響を与えた民族。

*15――モンテーニュ『随想録（エセー）』第三巻、第六章「馬車について」（松浪信三郎訳、上・下二巻、「世界の大思想」、河出書房新社、二〇〇五年）。

*16――ヘーゲル『理性の復権――フィヒテとシェリングの哲学体系の差異』山口祐弘・山田忠彰・星野勉訳、批評社、一九九四年。

＊17――ポール・クローデル『繻子の靴』渡辺守章訳、岩波文庫、二〇〇五年。

＊18――ヘーゲル、前掲書、一五頁。

＊19――同前、一七頁。

＊20――利害関心〔英 interest、仏 intérêt、独 Interesse〕という語の語源は、存在＝人間〔esse〕の間にある〔inter〕ことを意味するラテン語 interesse。

＊21――ギリシア・ラテンの悲劇に用いられた、一二音節と八音節の詩句を交互に用いる詩の型式。

＊22――ヘーゲル、前掲書、一七頁。

＊23――『ソクラテス以前哲学者断片集　別冊』内山勝利訳、岩波書店、一九九八年。

＊24――リオタールは断片五五としているが断片五三の間違い。

＊25――聖アンセルムス『プロスロギオン』長澤信壽訳、一九四二年、岩波文庫。

＊26――ヘラクレイトスは、著作の難解さと厭世感から、よく「暗い哲学者」と呼ばれる。

＊27――小アジア西海岸中部とエーゲ海の島々を含む地域で、古代ギリシアの植民地。

＊28――この引用は、『マクベス』第五幕第五場における次のマクベスの独白が出典。「白痴のおしゃべり同然、がやがやわやわや、すさまじいばかり、何の取りとめもあり

はせぬ（And then is heard no more: it is a tale/ Told by an idiot, full of sound and fury,/ Signifying nothing)」（『マクベス』福田恆存訳、新潮文庫、一九六九年、一一二―一一三頁）。

＊29――génétisme は、通常、心理学において「空間の知覚は生得的なものではなく習得によるとする立場」、あるいは一般的に「生得的なものは何もなくすべては経験によるとする立場」を指す。しかし、ここでリオタールは、génétique 遺伝学を念頭に置いていると思われる。

＊30――「人間は万物の尺度である。あるものについては、あるということの、あらぬものについては、あらぬということの」（プラトン『テアイテトス』田中美知太郎訳、岩波文庫、一九六六年、152a）。

＊31――サルトルの講演「実存主義はヒューマニズムである」が行われたのは一九四五年一〇月二九日（J-P.Sartre, *Existentialisme est un humansme*, Nagel, 1946）、ロジェ・ガロディの『マルクス主義的ヒューマニズム』が出版されたのは一九五七年（Roger Garaudy, *Humanisme marxiste*, Éditions Sociales, 1957）。

＊32――リオタールはドミトリィ・カラマーゾフとしているが、イワンが正しい。「（もし永遠の神がないなら）すべてが許される」（『カラマーゾフの兄弟』原卓也訳、新潮文庫、一九七八年、下巻、二三九頁）。「（自分こそが神だという己れの立場を自覚し人神

という新しい地位につけば）すべては許される」（同書、下巻、二七一頁）。

＊33——John Keats, *Poèmes choisis*, trad. par Albert Laffay, Paris, Aubier, 1960.〔ジョン・キーツ『詩人の手紙』田村英之助訳、冨山房百科文庫、一九七七年、一二三—一二五頁〕

＊34——太陽はクローデルの作品の中でつねに重要な位置を占めている。太陽は宇宙の男性原理の象徴であり、神の象徴でもあった。人間を象徴する木は、太陽によって、宇宙の女性原理を象徴する大地から引き出され、太陽を渇望する。

＊35——「詩法」斎藤磯雄訳、『筑摩世界文学大系五六』筑摩書房、一九七六年、二〇二頁。

＊36——同書、二〇七頁。

＊37——『一般言語学講義』小林秀夫、岩波書店、一九七三年、一六八頁。

＊38——同書、一六九頁。

＊39——同書、一七〇頁。

＊40——同書、一七一頁。

＊41——クローデルの戯曲。一九〇六年初版刊、一九二一年「芸術と行動グループ」によって初演。一九〇〇年、クローデルは一時フランスに帰国して聖職者を志し、修道院にこもったが挫折。中国への帰任の途中、ベルギー人の人妻ロザリー・ヴェッチ夫人と

知り合い、一九〇五年には一女をなした。『黄金の頭』以来の「宇宙的統一を求める征服者の情念の受難曲」と、詩人の実存的危機の劇、つまり自分自身の体験でもある聖職への意志の挫折と、この人妻との禁じられた恋を主題とする「禁じられた情念の劇」とを統合したのが、『真昼に分かつ』と『繻子の靴』だと言われている。鈴木力衛・渡辺守章訳『筑摩世界文学大系五六』所収、筑摩書房、一九七六年。

＊42――スピノザ『エチカ――倫理学』上、畠中尚志訳、岩波文庫、一九五一年、三七頁。

＊43――ジョアシャン・デュ・ベレ（Joachim du Bellay, 一五二二年頃―一五六〇年）、一六世紀フランスの詩人。ピエール・ド・ロンサールとともにプレイヤード派の基礎を作った。『オリーブ』は約五〇篇のソネットからなる詩集。

＊44――精神分析の用語で、心的エネルギーをある表象・対象に与えること。

＊45――マルクス＝エンゲルス『ドイツ・イデオロギー新編輯版』廣松渉編訳・小林昌人補訳、岩波文庫、二〇〇二年、二四〇頁。強調はマルクス。

＊46――マルクスは、『ドイツ・イデオロギー』において、階級社会で特定の階級が利益を得るために自己正当化するためのイデオロギーを、虚偽意識としてのイデオロギーと呼んだ。

＊47――マルクス『経済学批判』武田隆夫・遠藤湘吉・大内力・加藤俊彦訳、岩波書店、一九五六年、一四頁。

＊48――フロイトは、人間の精神構造を意識・前意識・無意識にという三つの層に分けた後、人間の精神機能を「エス（イド）」「自我」「超自我」という三つの機能の相互作用として捉えた。「エス（イド）」とは、激しく渦巻く心のエネルギーの領域で、全面的に無意識領域に属する。

＊49――『ヘーゲル法哲学批判序説』城塚登訳、岩波文庫、一九七四年、八七頁。

＊50――Norbert Wiener, *Cybernétique et société*, traduit de *The Human Use of Human Beings*, Paris, Deux-Rives, 1950.〔ノーバート・ウィーナー『人間機械論――人間の人間的な利用』鎮目恭夫・池原止戈夫訳、みすず書房、一九七九年、二〇三頁〕

＊51――マルクス『ヘーゲル法哲学批判序説』、九四頁。強調はマルクス。

＊52――一九六二年、英仏両国はそれまで独自に行っていた超音速旅客機の開発を共同で行う方針を発表、一九六九年に初飛行に成功した。その後二〇〇三年を最後に運用を停止した。

訳者解説

欲望する哲学——リオタールの法・形式・出来事

松葉祥一

哲学者といえば、ラファエロの「アテナイの学堂」にせよ、レンブラントの「瞑想する哲学者」にせよ、白髭の老人として描かれることが多い。ところが、リオタールが描く哲学者は、子供の形姿《フィギュール》をしている。母乳を欲しがる子供、「あれは何」と質問ぜめにする子供、いずれにしても欲望と切り離せない子供である。ただこの子供はけっして若くない。「思考は、おそらく人が一八歳のときよりも三五歳のときの方が、そして学業課程の中にいるよりも外にいる方が、より多くの子供時代《アンファンス》をもつことができる」(Lyotard 1986a,

一七二）[*1]。つまり、ここでの子供とは、例えば神や母との一体性から切り離されて、「欠如」や「貧しさ」に支配され、元は存在した、あるいは元々なかった一体性=統一性《ユニテ》を欲望する人間にほかならない。リオタールは一貫して哲学を、このような意味での子供時代と結びつけてきた。本書でも、一体性への欲望こそ、哲学することの理由だと結論づけられることになる。

確かにプラトンにおけるイデアと個物、ライプニッツのモナド、ヘーゲルの弁証法、西田の一と多の矛盾的自己同一など、哲学の主要問題の一つが統一性と多数性、およびこの両者の関係であることは疑いえない。ただ、現代のフランス哲学においては、デリダにせよドゥルーズにせよ、差異、差延など多数性が前景に置かれているように思える。リオタールもまた『ポストモダンの条件』（Lyotard 1979a）や『文の抗争』（Lyotard 1983a）において「小さな物語《レシ》」や「文」の多数性を強調しており、そのせいでたんなる相対主義だと誤解されることにもなった。しかし、このようにリオタールにおいては、むしろ多における一への欲望が問題なのである。あるいは、重要なのは一と多のいずれが根源的かという二者択一ではなく、両者の関係なのである。

本書（Lyotard 2012）は、一九六四年一〇月から一一月にかけて、パリ第I大学（ソルボンヌ）の教養課程の学生を対象にした四つの講義の原稿である。これまでスペイン語訳は出版されていた（Lyotard 1989c）が、フランス語原文は未刊だった。二〇一二年に、リオタールの長女であり哲学教師でもあるコリンヌ・エノドーの序文を加えて、初めてフランス語で出版されたのが本書である。

学部の一年生を対象にした講義としては、ずいぶん高度で個性的だと思われるかもしれない。しかし、フランスでは高校卒業資格試験《バカロレア》で哲学が課せられることもあって、哲学が高校のカリキュラムに取り入れられ、高校三年は哲学級とも呼ばれている。したがって、本書で、ソクラテスやヘーゲルが注釈なしに引用されても不思議ではない。また、リオタールの思考と活動の軌跡のなかに置いたとき、この講義の構成の必然性がおわかりいただけると思う。そこで、以下では、リオタールの思考と活動の軌跡をたどることによって、本書を理解するための一助としたい。

1　学生時代——法・形式・出来事

リオタールは、一九八六年の講演『遍歴』で、一一歳か一二歳の頃、修道士（なかでもドミニコ会の）か画家か歴史家になりたかったと述べている（Lyotard 1990, 三）。そして、修道士を「法」に、画家を「形式や色彩」に、歴史家を「出来事」に関連づけ（Lyotard 1990, 一〇）、この三つの関心が、その後の彼の思索と活動を導いたという。ここでの「法」が哲学や倫理学、「形式」が美学、「出来事」が政治の領域を指すことを、リオタールは条件つきで認めている（Lyotard 1990, 一一）。つまり、そうした領域は、「悟性という不動産屋に割り当てられた領域に批評家が立てた枠組み」にすぎず、リオタール自身は「思考の軽やかさを好む」がゆえに、この三つの領域のなかで「はっきりした立場を取ることができない」（Lyotard 1990, 一一）という留保である。ただ、この三つの関心が、彼の思考を貫く導きの糸であることは間違いない。本書もまた、第一講が「法」としての哲学と精神分析に、第二講が「出来事」としての哲学の歴史に、第三講は「形式」としての美学に、第四講が再び「出来事」としての政治にあてられている。ただすぐに言い添えておかなければならないのは、それぞれの講義においてこの三つの関心はからみ合っており、どれか一つの関心のみに導かれているわけではないということである。

そこでわれわれは、この三つの関心を縦軸に、学生時代、前期、中期前半、中期後半、後期の五つの時期に分けて、彼の思索の軌跡を振り返ることにしたい。

ジャン＝フランソワ・リオタール（Jean-François Lyotard）は、一九二四年八月一〇日、パリ西部近郊のヴェルサイユ市で、販売代理店を営む父ジャン＝ピエール・リオタール（Jean-Pierre Lyotard）と、母マドレーヌ・カヴァリ（Madeleine Cavalli）のもとに生まれた。子供時代をヴェルサイユで過ごした後、パリのビュフォン高校に入学、ルイ・ル・グラン高校の高等師範学校準備課程《カーニュ》を経て、ソルボンヌ（パリ第I大学）の哲学科に進んだ。ここで、ミシェル・ビュトール[2]、ロジェ・ラポルト[3]、フランソワ・シャトレ[4]、ジル・ドゥルーズ[5]と親交を結ぶ。終戦直前の一九四四年八月にパリ市街の解放闘争に救急看護志願兵として参加した（Lyotard 1990, 三三）。また戦後すぐに学生グループの一員として、ドイツ、フライブルク近郊に住むハイデガーに会いに行っている*。

そして二〇歳で終戦を迎える。リオタールは、一九四八年に『レ・タン・モデルヌ』誌に寄稿した最初期の論文「一九二五年生まれ」[7]で、自らの世代について次のように述べている。「二〇歳のときにアウシュビッツの存在を知ったこの世代の戦後を支配したのは、ロシア革命と、フロイト、シューレアリスムだった」。このうちロシア革命をリオタールの言う「出来事」に、フロイトを「法」に、シューレアリスムを「形式」に結びつけることはたやすいだろう。二〇歳の頃に小説の執筆を試みるが断念し、哲学を志したと述べている。

修士論文のタイトルは「倫理的観念としての無関心（L'Indifférence comme notion éthique）」であった。そこで扱われたのは、「エピクロス学派の平静不動《アタラクシア》、ストア学派の無感動《アパティア》、ストア学派急進派の無差別《アディアポラ》、禅の思想[*8]、道教の無」等の概念、そしてピエール・ジャネの『不安から恍惚へ』だったという。リオタール自身、このテーマを選んだのは若いころのメランコリーのせいであり、「ニヒリズムを通り越して徹底的な懐疑主義に陥っていた」と述べている（Lyotard 1990, 一九）。

一九四八年、二四歳でアンドレ・メイ（André May）と結婚、後にコリンヌ（本書の序文の著者[*9]）とロランス（後の精神分析医ロランス・カーン）という二人の娘をもうける。リオタールの表現によれば、「まだほんの子供といった年齢で夫となり父となった」（Lyotard 1990, 四）ことによって、生活の糧を稼ぐために修道士になることを諦め、「才能のなさ」によって画家と小説家を、「物覚えの悪さ」によって歴史家を断念。一九四八年にオータンの高校で哲学を教え始め、一九四九年には大学教授資格を取得する。

2　前期——現象学と政治への専念

前期は一九五〇年から一九六六年までの時期である。この時期は、現象学研究と政治活動に専念した時期である。

リオタール自身、この時期メルロ＝ポンティの現象学に最も強い影響を受けたと述べている。[*10] すなわち、メルロ＝ポンティの考え方、生き方、問い方が好きであったこと、最初の著書『現象学』(Lyotard 1954) がメルロ＝ポンティのスタイル、メルロ＝ポンティ的アプローチから大きな影響を受けていることを認めている。ただ、なかでも同書を貫く課題はリオタールの言う「出来事」であり、「歴史を理解することより以上に真実の課題は、哲学者にとって存在しない」(Lyotard 1954, 一四〇) とさえ述べている。

他方でリオタールは、一九五〇年から一九五二年にかけて、当時の東アルジェリアの首都コンスタンティーヌの高校に哲学教師として派遣される。そして当時再建され急速に広まりつつあったアルジェリア解放運動と関わりを持つようになる。またここで、その後活動をともにすることとなるピエール・スイリと出会う。[*11] この二つの出会いを契機として、リオタールは、一九五四年、スイリとともに、「社会主義か野蛮か」というグループに参加する。

このグループは、一九四九年、コルネリウス・カストリアディス[*12]やクロード・ルフォール[*13]らによって結成された。一九四九年の機関誌創刊号は、このグループの成立事情を次のように述べている。「われわれは、一九四六年、第四インターナショナル・フランス支部の中で生まれた。しかし、その後、政治的にもイデオロギー的にもそこから離れていった。そしてついに、(…)トロツキズムの本質つまりスターリンの官僚主義に対する改良主義的態度とも手を切ることになった[*14]」。その結果、このグループは、リオタールの表現によれば、「無政府主義、トロツキー主義、スターリン主義といった既成の形の社会主義、既成のかたちの階級闘争を理論と実践の両面で批判する非常に小さな政治的、理論的組織」(Lyotard 1990, 三二)となった。このグループは、「第二次大戦の翌日から六八年の前日まで」、フランスにおけるほとんど唯一の反スターリン主義のグループとして活動し、当時はほとんど影響力を持たなかったが、その後の運動、とくに六八年の学生反乱に大きな影響を与えた[*15]。

このグループの活動の中心は、「革命的批判と方針決定」つまり理論活動にあった。すなわち、リオタールによれば、ロシア・マルクス主義を批判し、マルクス自身の思想を再発掘する試みであった。具体的には、「ロシア社会およびすべての官僚主義社会の階級構造を批判すること、低開発国における闘いの力学を分析すること、マルクス主義そのものから始めてイデオロギーの役割を理解すること、支配階級を形成する際のボルシェビキを含む党の役割を理解すること、ファシズム、ナチズム、スターリニズムなどここ三〇年間にヨーロッパで起きたことを基礎に〈国家〉の批判を再開すること」[*16]である。

リオタールは、一九五四年から一九六六年までの一二年間、「時間と精力のすべて」をこのグループの活動に捧げたと述べている（Lyotard 1990, 三一）。彼はアルジェリアの後、一九五二年から一九五九年にかけてラ・フレーシュの陸軍幼年学校で教え、一九六〇年にはソルボンヌ（パリ第I大学）文学部の専任講師になり、一九六六年にはナンテール（パリ第X大学）の人文学部の専任講師になる。本書の講義が行われたのがまさにこの時期である。この間一貫して、「搾取や疎外と闘う」というこのグループの活動と直接関係のない「あらゆる活動と感受性とを無視」し、「政治問題に関わる論評や研究以外のあらゆる著述を断念した」（Lyotard 1990, 三二）のである。したがって、この時期のリオタールにまとまった著作はないが、フランソワ・ラボルド（François Laborde）というペンネームで機関誌『社会主義か野蛮か』に寄稿したアルジェリア関係の論説が、後に『アルジェリア人の戦争』(Lyotard 1989) として出版された。

ただリオタールにとって、アルジェリア解放戦線を支持するか否かということ自体が、問題だった。もちろんアルジェリア人民は自由になる権利があり、彼らの闘争を支持しなければならない。しかし、その闘争の結果として、「官僚的活動家の指導部に支配されて、新たな階級社会を生み出す」(Lyotard 1990, 五〇) ことは疑う余地がない。こうして、彼は「唯一正しいと言えるかもしれない立場が、絶望的なまでに矛盾したものだという結論」に達することになる。そしてこの若き活動家は、アルジェリアの解放(一九六二年独立)が社会矛盾の解決ではないし、解決にはなりえないと考え始めたのである(Lyotard 1990, 五一)。その意味でこの経験はリオタールにとって、政治の無力さの経験だったと言える。

やがてこのグループにも分裂が訪れる。一九五九年にコルネリウス・カストリアディスは、マルクスの「言語」によって現代社会を記述し、変革することができるのかという問題を提起した。それは、彼らのマルクス主義批判が到達した地点だと言えるだろう。長い討論の後、一九六四年にスイリら「旧マルクス主義者」グループが分裂することになる。リオタール自身は、カストリアディスの提起を重要なものと受け止めながらも、スイリと行動をともにした。そして、「労働者権力」というタイプ印刷の月刊紙を作って工場の入口で配る活動などを続けた後、結局一九六六年九月にこのグループから脱退する。リオタールはその理由を次のように説明している。「重要なのは、第二次大戦後の世界としてとらえられる新しい流れが、マルクス主義〈によって〉、理解し、捉えることができるかどうかであるように思える」[*17]。結局、カストリアディスの提起した問題が分岐点だったのである。このマルクス主義の代わりにどのような言語で議論すべきなのかという問題、すなわちスイリが脱退を申し出たリオタールに課したテーマ「歴史と政治に関する新しい理論を確立すること」[*18]は、この後のリオタールの思索を導く課題になる。

本書に収められた講義が行われた一九六四年が、このような政治活動と現象学の前期が終わろうとしていた時期であり、そのことが本書の第四講におけるマルクス主義への批判にあらわれている。また次節でみるように、リオタールの関心は中期の言語学と精神分析に移行することになり、そのことが第一講におけるフロイト、第二講における言語の分析にあらわれている。

3　中期前半——言語と欲望の哲学へ

中期前半は、一九六六年の「労働者権力」からの脱退から、一九七四年の『リビドー経済』の出版までの時期である。この時期を特徴づけるのは、五月革命への関わりと主著『言説《ディスクール》、形象《フィギュール》』(Lyotard 1971)である。

リオタールは、五月革命の発火点となったナンテール(パリ第X大学)に在籍していたこともあって、短期間ではあるが、ダニエル・コーン＝バンディたちの「三月二二運動」に参加、実践・理論の両面から六八年五月にかかわった。この時期の政治的テクストは『漂流の思想——マルクスとフロイトからの漂流』(Lyotard 1973a)にまとめられている。主著である『言説、形象《フィギュール》』も、「出来事」としての五月革命の経験をきっかけとしている。彼は、同書の出版直後のインタヴューでこの著作の企図を次のように述べている。「私の目的は政治理論や歴史理論を作り出すことでした。私が実際に興味をもっているのは、そのことなのです。(…)要するに、私の関心は、まさに本書の中で私が作り上げようとした諸概念によって、実践的批判や実践的批判の理論、つまり政治たりうるものにたち帰ることでした」[*19]と答えている。リオタールは、この企図を言いかえて、「リビドー的政治を確立すること」[20]とも述べている。この方向性は、この時期の『欲動的機構』(Lyotard 1973b)や『リビドー経済』(Lyotard 1974)をも貫いている。

しかしリオタールは同書を「暗い本」だと形容している。[21]なぜなら、同書が二つの離脱あるいは漂流を宣言しているからである。一方の離脱は、マルクス主義からの離脱である。先に述べたように、スターリン主義批判から始まった彼らの活動は、トロツキー主義とも手を切り、ついにはマルクス主義そのものから離れることになった。こうして、「その本の中にはマルクス主義の終焉の雰囲気が漂っている」[22]ことになった。

もう一つは、現象学からの離脱である。リオタールは、この時期「はっきりと、現象学を続けていくわけにはゆかない」と悟るようになったという。というのも、それが主体の哲学だからである。「フロイト以降、いや、ニーチェ以降、問題はなによりも主体なき哲学、いや主体そのものがそこで批判される哲学をどうつくるか」[23]なのである。したがってリオタールは、当初、リクールのもとで現象学における歴史についての論文を出すはずだったが、これを断念し、[24]同じ大学のミケル・デュフレンヌのもとで研究を続け、一九六六年に国家博士号のための学位論文として提出したのが『言説《ディスクール》、形象《フィギュール》』[25]なのである。

そして、その現象学に代わる道というのが言語学と精神分析であった。リオタールは、一九六六年の数年前から言語学と精神分析についての研究を始めていたという。言語学者である夫人の導きで、言語学史から音韻論までを研究したが、その中心は構造主義言語学であったと証言している。[*26] しかし、リオタールは、構造主義に与することはなかった。リオタールは、『言説《ディスクール》、形象《フィギュール》』のもう一つの原動力が、構造主義に対する批判だったとも述べている。すなわち、当時「法の呼びかけにどう応えるかを表現するにあたって、構造を範とする方向が優勢」だったが、彼は、このような「構造主義の熱狂の結果、まるで形式に取り組むには悟性だけが唯一資格をもっているかのように、感性的な形式を単に概念的な構造に還元する傾向」（Lyotard 1990, 二三）に対して批判的であった。当時まだ「メルロ＝ポンティの信奉者であった私」は、こうした「過度の合理主義」を避け、「思考活動にはさまざまな相があることをもっと尊重する合理性」を求めるようになり、「法は思考活動に出頭を明示はするが、様々な通訳不可能な仕方で出頭を命じるのではないかという考えが形を取り始め」（Lyotard 1990, 二四）たという。別の言い方をすれば、「われわれは判断を下すに当たっていかなる絶対的な基準にも頼ることができないのを認めた上で、この探検の方法があの探検の方法よりもよいということを判断しなければ」ならないということである。ここには、絶対的基準としての合理性に頼ることなく、いかに判断するかという、次節でみる問題系がすでに見出される。

『言説《ディスクール》、形象《フィギュール》』が問題にするのは、プラトン以来西欧の知が認めてきた言説《ディスクール》の至高性=主権である。[*27] リオタールがその批判のために、ここでフィギュールもしくはフィギュール的なもの（フィギュラル）と呼んでいるのは、たんに視覚的な形象という意味だけではなく、比喩のように、言説の中にある異質なもの、言説が意味作用として取り込むことができないもののことである。そしてリオタールは、言説《ディスクール》が二つの面でこのような比喩形象《フィギュール》を前提としていることを明らかにする。一方は、外側つまり指示作用の面で、言説は、対象との距離を前提としなければ、その対象を指し示したりそれについて語ったりすることができない。それゆえ、言説は、このように視覚的な距離を必要とするという意味で、リオタールが図像的フィギュール（figure image）と呼ぶものを前提としていることになる。他方、言説《ディスクール》の優位性は、内側つまり意味作用の面からも批判される。例えば、対話者は、お互いにたんなる言語的表象や形態的フィギュール（figure forme）だけでなく、それ以上のものを読み取る。すなわち、これまで固定化的なものと捉えられてきた語の意味、つまり語と語のあいだの差異は、リオタールがフィギュール的なもの（le figurale）と呼ぶものを前提としており、それによってつねに転覆されることが、さまざまな例によって示される。

しかしここでの問題は、言説《ディスクール》や図像《イマージュ》の代わりに比喩形象《フィギュール》の優位性を主張することではない。この比喩形象もフロイトのいう「欲望」がなければ成立しえない。重要なのは、むしろ「欲望と比喩形象の根本的な共謀」を認めることである。ここには明らかにフロイトの一次過程における自由エネルギーと二次過程における拘束エネルギーという対比が投影されている。この時期のリオタールの思想は、比喩形象《フィギュール》という概念とともに、フロイトのいわゆる経済論的観点に依拠している。この経緯をリオタールは次のように述べている。「メルロ゠ポンティ的所与の哲学ではもうだめだ。知覚の所与以上に与えられたものである哲学、つまり無意識の所与があり、そのレヴェルでこそ仕事がなされなければならない。それこそがメルロ゠ポンティからフロイトの方への移動であり、私の眼には、それは主体の哲学に対するラディカルな批判のために必要な階梯だと思われました[*28]」。

しかし、この方向はリオタールをラカンへと向かわせることにはならなかった。リオタールは、一九六〇年代半ばにラカンのゼミナールに出席し、そこで「欲望が求める対象を意識は知らないままでいなければならないということ、欲望が充足される瞬間には悲嘆、不安、抵抗、否認がつきものだということ」を学んだと述べている（Lyotard 1990, 二一）。

しかし、リオタールは、最終的にラカンの教えに対して「抵抗」あるいは「怒り」さえ感じたという。それはラカンが象徴界《サンボリック》にあまりにも大きな位置を与えているからである。すなわち、知はもっぱら象徴界に位置づけられ、様式、律動、調和、色彩、線、平面、構成などの諸形式は、無意識が生み出したものとしてすべて想像界《イマジネール》に投げ込まれ、こうした形式をとらえることは無意識によって欺かれているだけだということになる。リオタールは「これは一大事だと考え、ラカンの体系がそのなかでは概念を最も優遇している以上、美や感情のための場を確保するために何かしなければならない」と考えたという。そして「おそらくそれが主たる動機となって、『言説《ディスクール》、形象《フイギユール》』で形式の問題を立て、それを探求した」のである（Lyotard 1990, 二一二）。

こうしたフロイト的経済論を全面的に採用したのが『リビドー経済』である（Lyotard 1990, 二一六）。ただリオタールは、同書を「邪悪な本」、「荒れ狂う絶望を表現」した本だと述べている。同書は、「法からやってくる要請に応えるために用いられる基準がすべて無根拠だということに気づいたとき、思考活動が襲われる眩暈を表現して」おり、「いかなる介在物も使わず（…）心に浮かぶ衝動をできるだけ受け入れようと努力すること」に専念していると言うのである。リオタールによれば、それは修士論文の頃のメランコリーあるいは「無関心の誘惑という病」からまだ回復していなかったからであった。

こうしてリオタールは、現象学と政治実践の時期から、言語と欲望の哲学の時期へと移行すると同時に、そこから漂流していくことになる。

4　中期後半——文の複数性へ

中期後半は、一九七四年から一九八八年の退職までの時期である。この時期は、リオタールの名を世に知らしめた『ポストモダンの条件』(Lyotard 1979a) や、もう一つの主著である『文の抗争』(1983a) が出版されるなど、生涯で最も多産な時期である。

リオタールは、六八年から七〇年まで国立科学研究センター（ＣＮＲＳ）の研究員を経て、一九七〇年にヴァンセンヌ（パリ第Ⅷ大学）の助教授、七五年に教授となる。パリ第Ⅷ大学は五月革命の余熱のなか、一九六九年に「実験大学センター」としてパリ東部のヴァンセンヌに創設され、教員と学生の民主的な関係、大学と社会の実践的な関係を問い直そうとした画期的な大学であった。映画、造形芸術、ダンス、演劇、精神分析、都市政策、メディア論などの学科をはじめて導入したのもパリ第Ⅷ大学であり、領域横断的な教育・研究が試みられた最初の大学でもある。バカロレアをもたない学生や、発展途上国からの留学生を積極的に受け入れた点でも画期的だった。とりわけ哲学科は、フランソワ・シャトレ、ジル・ドゥルーズらの立ち上げメンバーによって、「六八年五月の精神を実践すること」を学科の理念として掲げていた。リオタールは、パリ第Ⅷ大学が、当時のパリ市長であるジャック・シラクによってパリ北部郊外のサン・ドニ市に移転させられた後も、同大学の哲学科で一九八七年まで教えることになる。また一九八三年にはデリダとともに国際哲学院《コレージュ・アンテルナシオナル・ド・フィロゾフィー》の設立者となり、一九八四年から八六年まで、二代目の学院長となる。また一九七〇年代からカリフォルニア大学アーヴァイン校をはじめジョンズ・ホプキンズ大学、ウィスコンシン大学などアメリカ合州国各地の大学に客員教授として招聘され、頻繁に渡米した。

リオタールは『リビドー経済学』の出版後、この方向に対する疑問が生じたという。すなわち、「エネルギー、対抗エネルギー、欲動の力、凝縮。無意識の記述のためにフロイト自身が使っているこれらのメタファーはもうたくさんだ。こうしたメタファーと手を切って、どうしても不可避のものだけで、すなわち言語そのものだけですべてをやり直そうと自らに言い聞かせました」[*29]。そのためにリオタールが選んだ参照系が、カントとヴィトゲンシュタインである。すなわち、リオタールは『文の抗争《ディフェラン》』（Lyotard 1983）で示したかったのは、「カントが第一批判から第二批判に移行する際に示したように、あるいは後期のヴィトゲンシュタインのテクストが述べるように、理性《レゾン》＝理由は一つではないということ」だったと述べている。すなわち、ただ一つの「大きな物語《レシ》」ではなく、さまざまな文が存在すること、一つの文の規則はべつの文の規則と通約不可能だということである。このような主張を明快に示したのが『ポストモダンの条件』（Lyotard 1979a）である。同書は、「ポスト・モダン」という語を議論の場に導入する役割を果たして話題になったが、リオタール自身ことわっているように、あくまでも社会学的なレポートであり、哲学的な議論の展開はむしろ『文の抗争』（Lyotard 1983a）で行われている。

　リオタールによれば、近代は哲学によって支えられてきた。ここでいう哲学とは、「〈精神〉の弁証法、意味の解釈学、理性的人間あるいは労働者としての主体の解放、富の発展」（Lyotard 1979a, 八）の「大きな物語」を指す。いいかえれば、科学や文学、芸術などの領域を支配してきた規則が、自己を正当化するために要求するメタ規則のことである。超越者としての神はもちろん、現象学、マルクス主義、精神分析が、近代における「大きな物語」にほかならない。リオタールは、高度に発展した資本主義社会においては、こうした大きな物語は失効しつつあると言う。そこでは、知は情報となり、実効性や遂行性つまり効率だけがすべてである。その結果、大きな物語を支えていた理念が効率に追い抜かれることになったのである。彼のいうポスト・モダン的状況とは、こうした「十九世紀からはじまって、科学や文学、芸術のゲームの規則に大幅な変更を迫った一連の変化を経た後の文化の状態」(Lyotard 1979a, 七)に他ならない。

ではこのような「大きな物語」の崩壊に対して、われわれはどう対処すべきか。ルーマンのシステム論のように、世界の複雑さを減らそうと努力すべきか。あるいはハバーマスのように、自由な討論による合意形成に解決を見いだすべきか。リオタールはノンという。それらは「大きな物語」の復活にすぎない。そこでリオタールが提唱するのは、「小さな物語」の複数性の承認である。すなわち言語ゲームの多様性と、それぞれのゲームの規則が局所的であること(パラロジー)を認めることである。それゆえ、ポストモダン的状況とは、近代の統一的なメタ規則が効力を失った後に、何か別のメタ規則が到来したということではない。そうした統一的な規則そのものが後退し、個々の規則が互いの差異を露呈し際立たせ合う状況が到来しつつあるということである。したがって、ポスト・モダンの知とは、「様々な差異に対するわれわれの感性を洗練させる知、すべてを単一の基準に還元しようとする力に抵抗するわれわれの能力を強化する知」(Lyotard 1979a, 一一)に他ならない。

このような知の探求が、カントの問題構制、すなわち判断力や熱狂、崇高などの概念をとらえ返すことによって行われる。『どのように判断するか』(Lyotard 1985)のなかで、リオタール自身が、なぜ「今、ここで」カントなのかという問いに答えている。すなわち、リオタールによればヘーゲルとマルクスの一世紀の後、反ヘーゲル主義は欲望や快楽の断片化や複数化だけを記述してきた。しかしリオタールは、ハイデガーがニーチェをプラトニズムの逆転にすぎないと批判するように、たんなる複数主義はヘーゲル主義の裏返しにすぎないと言う。その意味でリオタールのねらいは、「反全体主義や複数主義という眠りから近代的理性を覚醒させること」にあると言っていい。そしてそのために批判哲学、なかでも「判断力」が援用されるのである。すなわち判断力の働きは、さまざまな「文」を各文固有の規則にしたがって判定すると同時に、それらの文のあいだの「移行」を行うことにある。リオタールは、このような判断力の判別と移行の働きによって、さまざまな文の複数性が保証されると同時に、それらのあいだの抗争《ディフェラン》が調停されると考えるのである。

しかしだからといって、リオタールは全面的にカントに依拠しているわけではない。カントとのずれは「法」にある。すなわちリオタールは、最終的全体性や最終的統一といったカント的「理念」を廃棄して、言語ゲーム相互の還元不可能性を保証する「公正さ」に訴える。それは、けっして法を押しつけない「公正さ」であり、その唯一の逆説的規制は、「それぞれのゲームがそれぞれ固有の公正さを守るように命じる」規制だということになる。したがって、問題は、このように「法」を欠いたところでどのような判断が可能かという問題にほかならない。

『熱狂』(Lyotard 1986b) においてもリオタールは、何よりも判断力の働きに注目した点で、カントを評価している。判断力の働きは、まず第一に、想像力、理性などの能力が生み出す表象(リオタールはウィトゲンシュタインにしたがって「文の家族」と呼ぶ)の正しさを、統一基準ではなく、それぞれの能力の規則にしたがって判定する点にある。第二に、判断力の機能はこれらの能力のあいだの「移行」を行うことにある。しかし、この橋渡しは、そのつどかけ渡されるだけで、渡り終えると消滅する。その意味で、それはむしろ異質性を認めることである。

しかし、移行がうまくいかない場合がある。それが崇高である。崇高とは、想像力がある対象を提示しようとして失敗するが、同時にやはりそれを実現しなければならないと感じる場合に起こる感情である。したがってそれは、通常の移行が失敗することによる移行である。また、崇高の特徴は、表象不能であること、形象がないことであり、その意味でそれは美や趣味、表象に対する根源的な批判である。リオタールが『崇高の分析についての講義』(Lyotard 1991b) などで、現代芸術における崇高を問題にするのは、このような感情が、現代芸術の核心にあると考えるからである。

熱狂とは、こうした崇高の一つ、それも「極端な一様態」だとされる。それは、例えばユダヤ教の偶像崇拝禁止令、つまり表象不能であることが熱狂を生み出すことから説明される。さらにカントは、フランス革命を例にとって、熱狂はこのような歴史的大事件の「観客」の側にのみ見いだされると言う。すなわち、観客にとってこの感情を表明することは、弾圧を受けるおそれがあるから、個人的な利害にもとづくものではなく、普遍的な道徳的資質あるいは「共通感覚」にのみ基づくものであるはずである。その意味で「熱狂は、感情の上での、共和国の、直接的で独特な先取り」なのである。

後期は、一九八八年にパリ第Ⅷ大学（ヴァンセンヌ、サン・ドニ）を退職してから、一九九八年に亡くなるまでの時期である。この時期リオタールは、アンドレ・メイと離婚し、一九九三年にドロレス・ジッェク（Dolorès Djidzek）と再婚。一九八八年七月には初来日し、東京と京都で講演を行った。一九九六年に白血病を発病。一時的に回復して『マルローの署名入り』（Lyotard 1996）を出版、一九九七年にはアウグスティヌスの告白に関する講演を行うが、一九九八年四月二一日パリにおいて永眠。

生前出版された最後の著書である『マルローの署名入り』（Lyotard 1996）や、没後出版された『聞こえない部屋』（1998）といったマルロー論は、驚きをもって迎え入れられた。リオタールとマルローの間には、政治と美学という二つの太い線があることは確かであり、両書におけるマルローの「反美学」の読解は説得的である。またリオタール自身、高校時代から一貫してマルローが「英雄」だったとも述べている。[*30] しかしこの著作は一般読者にとっては「予想外」だった。なぜなら、マルローはドゴール内閣の情報相・文化相を務めた保守派政治家だからである。

また、一九九一年の湾岸戦争の際の声明「必要な戦争」も、読者に驚きを与えた。この声明は、二月二一日付の「リベラシオン」に掲載された四つの声明のうちの一つであり、リオタールやA・フィンケルクロート、E・ド・フォントネ、L・マランら七人が署名した。[*31]この声明は、次のように書き出されている。「何千という人命がかかっている戦争に与すると言明することは、つねに慎みを欠いた所業となりかねない。なぜなら戦争は憎むべきものであり、さらにはイラクの宣伝によって、その戦争が『第三世界』の一国に対する金持ち諸国の十字軍という外見を備えている場合はなおさらである。しかし責任を負うことこそ肝要である。知識人としてわれわれは言う。国際同盟軍のイラクに対する戦争は必要である。それは正しく、最後まで貫徹されねばならない、と[*32]」。

残る三つの声明、G・ドゥルーズとR・シェレールによる「下劣な戦争」、およびE・バリバール、P・ブルデューらによる「戦争に反対する」の二つが明確に戦争に反対し、P・ヴィダル・ナケらによる「交渉に賛成」も武力介入に反対しただけに、リオタールらの声明の好戦性は際立っていた。筆者の次のような問いは一般的だったと言えるだろう。「リオタールはなぜこの声明に署名したのだろう。ことあるごとにアウシュヴィッツに言及し、戦争を『憎むべきもの』としてきた彼が、なぜこの戦争は『必要』だというのか。一貫して『知識人』という呼び名を拒否してきたこの『活動家』は、なぜ今になって『知識人』として発言するのか[*33]」。

この当惑は、「湾岸戦争はポストモダンの戦争だった」[*34]と題する日本で行われたインタヴューによって倍加することになった。このインタヴューは、可能性は資本主義にしかない、湾岸戦争は最後まで遂行すべきであると、現状肯定に終始しているだけでなく、原理的な問題を生じているようにみえた。というのも、ポスト・モダン概念が原理上戦争と相容れないことは明らかだからである。すなわち、「ポスト・モダン」概念が、多様性の承認を、したがって他者との共存を前提にするものであるかぎり、たとえ他者が「複数性の承認」というメタ・ルールを侵犯したときであっても、他者の存在そのものの排除である戦争を認めることは前提に反する。また小さな物語同士の対立が生じた場合に、武力による問題解決を図るとすれば、「より多くの武力を有するものの正義」を認めることになってしまう。こうした意味で、「ポストモダンの戦争」という表現は、これまでの彼自身の議論を裏切っていると言わざるをえない。

リオタールは、一九八四年、『トラス』のインタヴューに答えて、戦争には二種類あるとしている。[*35]すなわち『文の抗争』における「係争《リティージュ》」と「抗争《ディフェラン》」のそれぞれに基づく戦争である。「係争《リティージュ》」とは、「二人の当事者の双方に等しく適用される判断規則が存在する」争いを意味し、戦争の場合、「土地の領有権か権力機関だけをめぐる争い」がそれにあたる。それに対して、「抗争《ディフェラン》」は、「両者の二つの固有言語《イディオム》を、互いに訳すことができないがゆえに起こる場合」である。しかし、リオタール自身認めているように、「係争」から出発した戦争であっても最終的な局面では必ず「抗争」に基づくものとなる。なぜなら戦争を維持するためには、対話の論理から排除の論理への、つまり「係争」から「抗争」への飛躍が必要だからである。したがって、リオタールが「ポストモダンの戦争」を認めることになれば、あらゆる戦争を肯定することになってしまう。

　こうしたリオタールの立場を「転向左翼」[*36]と呼ぶべきだろうか。それとも「『転向者』ではない」[*37]と言うべきだろうか。転向という呼び方が適切でないとすれば、リオタールの思想は変化したのか。それは、どの時点で、どのようにして起こったのか。

　われわれが確かめてきたように、「歴史と政治に関する新しい理論を打ち立てること」というリオタールの課題は一貫したものだった。早い時期に決定的な仕方で政治的実践にかかわったことは、その後の彼の思想全体に大きな影響を与えている。この課題は、彼がマルクスからの漂流を掲げてマルクス主義に代表される大きな物語を批判する際も、美学研究をも貫いていた。すなわちリオタールが美学研究へと向かったのは、デュシャンに代表される二〇世紀以降の芸術が、主体や美、趣味、表象－再現といった伝統的図式を破壊することによって、「結局のところ表象の政治であるような政治の幻想がどのようなものかを理解させてくれる」[38]からであり、資本主義イデオロギーの実践的な批判になっているからである（Lyotard 1977a）。その意味で現代芸術は、「経済的、社会的、政治的な諸制約の革命的批判に対応物を持っているような批判」（Lyotard 1973）であり、「政治的批判がどのようなものたりうるかを理解させてくれる」[39]のである。

さもなければリオタールは、政治から引退することを望んだのであろうか。『熱狂』（1986b）は、ナンシーとラクー＝ラバルトが課した、「政治的なものからの引退」というテーマに応えたテクストである。ここで、ナンシーとラクー＝ラバルトが示す「政治的なものからの後退」というテーマは、哲学と政治の伝統的関係から身を引くこと、それによって「政治的なものの囲いを認識する」と同時に「哲学の権威を否定する」ことを意味する。これに対してリオタールは、このテーマの意味はまず、一つの文の家族だけが政治的なもの全体を表すという主張から後退すること、つまり政治的な「教理」から後退すること、また政治的なものに対して特権をもつと考える哲学から後退することである。どこへの後退か。批判的領域への後退である。その意味で、リオタールはけっして政治的なものから引退したわけではなく、新たな批判哲学の構築を示唆している。すなわち、判断力の判別と移行の働きによってさまざまな「文」あるいは小さな物語《レシ》が共存でき、それと同時にそれらのあいだの抗争《ディフェラン》を調停することもできると考えるのである。

だとすれば、リオタールが追求してきたのは、一貫して「ひとたび神と人間という信仰の大きな二つの対象が失墜したとき、どのようにするか、このような喪とともにどのように生き、考えるか」[*40]というマルローの問いであり、その限りで彼の思想に変化はなかったのか。マルローと同じように、政治への接近はただ「政治の喪」を確認するためだったのか。リオタールにとって重要だったのは、一貫して「政治の幻想と手を切ること」[*41]であり、「あらゆる政治を不用にするという意味で政治的」だったにすぎないのだろうか。

われわれは、ここでこの問いに性急に答えを出すことは避け、問いを開いたままにしておきたい。

おわりに

このようなリオタールの思想は、〈いま、ここ〉でどのような意味を持ちうるか。『どのように判断するか』(Lyotard 1989d) は、一九八二年にスリジー・ラ・サルで開かれたリオタールを囲む討論会《コロック》の記録である。そこでは、デリダやナンシー、ラクー＝ラバルトらが、大きな物語や「法」を欠いたところでどのような判断が可能かというリオタールの問いに応答している。ナンシーは、リオタールの問いから出発して、カントの自律がその核心に他律を含んでいることを明らかにすることによって、リオタールの判断や目的、崇高、熱狂といった概念をまったく異なる布置の中に置き直してみせる。それに対して、ラクー＝ラバルトは、きわめて率直にリオタールの問題構制そのものを批判している。すなわち、「ポストモダン」概念や「大きな物語」批判に疑問を呈し、むしろ「物語的なもの」やミメーシスに投錨することが必要だと批判するのである。

デリダは、現象学の判断停止《エポケー》、ハイデガーの非隠蔽性《アレーテイア》、精神分析の否認などによって特徴づけられる時代状況の中で、判断というテーマを避けてきたこと、彼自身の差延や決定不可能性といった概念も判断に対する留保の機構と見なすことができること、その限りでリオタールの問いかけに重要性があることを認めている。その上で、カフカ論「掟の門前にて」を再読しつつ、やはり「判断する＝判決を下す」ことの不可能性を再確認している。またデリダは、リオタールへの追悼文「リオタールと私たち」[*42]のなかで、リオタールの「喪は存在しないだろう」という解釈不可能な一文の考察を通じて、「私たち」と語ることの不可能性について考える「私たち」を提示している。
二〇〇七年に国際哲学院で開かれた国際討論会《コロック》の報告集『変革者リオタール』[*43]に収められたテクスト「子供の見たもの。リオタール読解のための覚え書き」において、フレデリック・ヴォルムスは、デリダの追悼文を取り上げつつ、『マルローの署名入り』における母＝他者の目を通してみる子供の視点に、「大きな物語」の押しつけでも断片でもない言説の可能性を見ている。[*44]
この討論会は、リオタールを美学、倫理学、精神分析、理論、政治の領域における変革者と位置づけ、それぞれの領域でリオタールが果たした役割を画定しようとしている。確かにリオタールの著作は多面的である。そこから「ソフィスト」と言う呼び名[*45]も生まれる。しかし、本書に見られるように、彼にはつねに統一性《ユ》＝一体性《ニテ》への欲望という一貫した欲望、そして法、形式、出来事への一貫した関心があった。また先述の通りリオタールは、流行遅れのポスト・モダン概念の提唱者、あるいは悪しき相対主義者として退けられることが多い。しかし、彼のモダン批判とは、多様な価値のなかで何とかして判断の可能性を探ろうとする試みであった。ちょうど『言説《ディスクール》、形象《フィギュール》』における「言説《ディスクール》」への批判が、「比喩形象《フィギュール》」を含む新たな言説《ディスクール》の可能性を探る試みであったように。この試みは、今なお重要性を失っていない。否、新自由主義にもとづくグローバリズムと、それに結びついたナショナリズムが再び「大きな物語」を語ろうとしている「いま・ここ」でこそ、リオタールは読み直されるべきである。彼の思想の多面性と同時に一貫した関心を示している本書は、リオタール哲学の、そして哲学することの手引きにふさわしいだろう。

＊リオタール書誌[＊46]（参考文献表を兼ねる）

1954：*La Phénoménologie*, Paris, PUF.〔『現象学』高橋允昭訳、白水社、文庫クセジュ、一九六五年〕。

1971：*Discours, figure*, Paris, Klincksieck.〔『言説、形象（ディスクール、フィギュール）』合田正人監修・三浦直希訳、法政大学出版局、二〇一一年〕

1973a：*Dérive à partir de Marx et Freud*, Paris, UGE ; nouv. éd. Paris, Galilée, 1994.〔『漂流の思想——マルクスとフロイトからの漂流』今村仁司訳、国文社、一九八七年〕

1973b：*Des Dispositifs pulsionnels*, Paris, UGE ; nouv. éd. Paris, Christian Bourgois, 1980 ; Paris, Galilée, 1994.

1974：*Économie libidinale*, Paris, Minuit.〔『リビドー経済』杉山吉弘・吉谷啓次訳、法政大学出版局、一九九七年〕

1975 : *Le Mur du Pacifique*, Paris, Christian Bourgois; nouv. éd. Paris Galilée, 1979.
1977a : *Les TRANSformateurs DUchamp*, Paris, Galilée.
1977b : *Instructions païennes*, Paris, Galilée.
1977c : *Récits tremblants*, avec Jacques Monory , Paris, Galilée.〔『震える物語』山縣直子訳、法政大学出版局、二〇〇一年〕
1977d : *Rudiments païens*, Paris, UGE.〔『異教入門――中心なき周辺を求めて』山縣熙・小野康男・申允成・山縣直子訳、法政大学出版局、二〇〇〇年〕
1979a : *La Condition postmoderne : Rapport sur le savoir*, Paris, Minuit.〔『ポストモダンの条件――知・社会・言語ゲーム』小林康夫訳、水声社、一九八六年〕
1979b : *Au juste : conversations*, avec Jean-Loup Thébaud, Paris, Christian Bourgois ; Christian Bourgois, collection « Titres », 2006.
1980a : *Sur la constitution du temps par la couleur dans les œuvres récentes d'Albert Ayme*, avec Albert Ayme, Paris, Éditions Traversière.
1980b : *La Partie de peinture*, avec Henri Maccheroni, Cannes, Maryse Candela.
1982 : *La Pittura del segreto nell'epoca postomoderna*, Baruchello, Milan, Feltrinelli.
1983a : *Le Différend*, Paris, Minuit.〔『文の抗争』陸井四郎・小野康男・外山和子・森田亜紀訳、法政

大学出版局、一九八九年〕
1983b : *L'Histoire de Ruth,* avec Ruth Francken, Talence, Le Castor astral.
1984 : *L'Assassinat de l'expérience par la peinture, Monory,* avec Jacques Monory, Talence, Le Castor astral ; nouv. éd. Londres, Black Dog, 1998.〔『経験の殺戮――絵画によるジャック・モノリ論』横張誠訳、朝日出版社、一九八七年〕
1984 : *Tombeau de l'intellectuel et autres papiers,* Paris, Galilée.〔『知識人の終焉』原田佳彦・清水正訳、法政大学出版局、一九八八年〕
1985 : *Les Immatériaux*, avec Thierry Chaput, Paris, Centre Georges-Pompidou.
1986a : *Le Postmoderne expliqué aux enfants : Correspondance, 1982–1985*, Paris, Galilée.〔『ポストモダン通信――こどもたちへの10の手紙』管啓次郎訳、朝日出版社、一九八八年。『こどもたちに語るポストモダン』ちくま学芸文庫、一九九八年〕
1986b : *L'Enthousiasme : La critique kantienne de l'histoire*, Paris, Galilée; rééd. LGF, 1995.〔『熱狂――カントの歴史批判』中島盛夫訳、法政大学出版局、一九九〇年〕
1987 : *Que peindre ? Adami, Arakawa, Buren,* Paris, La Différence ; nouvelle édition Hermann, 2008.
1988a : *Heidegger et « les juifs »*, Paris, Galilée.〔『ハイデガーと「ユダヤ人」』本間邦雄訳、藤原書店、一九九二年〕

1988b : *L'Inhumain : Causeries sur le temps*, Paris, Galilée. 〔『非人間的なもの——時間についての講話』篠原資明・上村博・平芳幸浩訳、法政大学出版局、二〇〇二年〕

1989a : *Vortrage in Wien und Freiburg, Heidegger und « die Juden » / Conférence à Vienne et Freiburg, Heidegger et « les juifs »*, éd bilingue, Vienne, Passagen Verlag.

1989b : *La Guerre des Algériens : Écrits 1956–1963*, Paris, Galilée.

1989c : *¿Por que filosofar ? Cuatro conferencias* (1964), Barcelone, Paidos.

1989d : *La Faculté de juger*, avec J. Derrida, V. Descombes, G. Kortian et al., Paris, Minuit, 1989. 〔『どのように判断するか——カントとフランス現代思想』宇田川博訳、国文社、一九九〇年〕

1990 : *Pérégrinations : Loi, forme, événement*, Paris, Galilée. 〔『遍歴——法、形式、出来事』小野康男訳、法政大学出版局、一九九〇年〕

1991a : *Leçons sur l'analytique du sublime*, Paris, Galilée.

1991b : *Lectures d'enfance*, Paris, Galilée. 〔『インファンス読解』小林康夫・竹森佳史他訳、未來社、一九九五年〕

1993a : *Moralités postmodernes*, Paris, Galilée. 〔『リオタール寓話集』本間邦雄訳、藤原書店、一九九六年〕

1993b : *Un Trait d'union*, avec Eberhard Gruber, Québec, Le Griffon d'argile/Grenoble, PUG.

1993c : *Sam Francis, Lesson of Darkness, Venice, Californie*, The Lapis Press.
1993d : *Political Writings*, Minneapolis, The University of Minnesota Press.
1996 : *Signé Malraux*, Paris, Grasset (éd. Le Livre de Poche, 1998).
1997 : *Flora danica : La sécession du geste dans la peinture de Stig Brogger*, Paris, Galilée.
1998a : *Chambre sourde : L'antiesthétique de Malraux*, Paris, Galilée.〔『聞こえない部屋——マルローの反美学』北山研二訳、水声社、二〇〇三年〕
1998b : *Karel Appel : Ein Farbgestus*, Bern-Berlin, Gachnang & Springen Verlag.
1998c : *The Hyphen : Between Judaism and Christianity*, avec Eberhard Gruber, New York, Humanity Books.
1998d : *La Confession d'Augustin*, Paris, Galilée.
2000 : *Misère de la philosophie*, Paris, Galilée.
2012 : *Pourquoi philosopher ?*, Paris, PUF.〔本書〕

訳者解説　注

＊1——リオタールの単行書からの引用は、末尾に掲げた著作一覧を参照していただきたい。また漢数字は邦訳からの引用頁を意味する。

＊2——Michel Butor（1926–）フランスの小説家、詩人、批評家、ブック・アーチスト。ヌーヴォー・ロマンの旗手の一人と目される。『心変わり』（一九五七）などを発表、『段階』（一九六〇）以後は小説から離れ、空間詩とよばれる書物を利用した表現の可能性を追究し続けている。

＊3——Roger Laporte（1925–2001）フランスの小説家、哲学者、批評家。ブランショの強い影響下で文学活動を展開した。

＊4——François Châtelet（1925–1985）フランスの哲学者、哲学史家、政治哲学者。リオネル・ジョスパンの妹で哲学者のノエル・シャトレの夫。『イデオロギーの歴史』

（一九七八）、『哲学史』（一九七九）などの哲学史研究で知られる。パリ第Ⅷ大学の哲学科創設に参画。共産主義運動、反植民地主義運動、五月革命などに参加。六八年以後は、ヘーゲル的な歴史の単一的合理性を批判し、歴史の多様性を重視するようになった。

＊5――ドゥルーズの名前をあげているのは次の年譜だけである。Alberto Gualandi, *Lyotard*, Perrin 2009, p. 7. 確かに同時期にドゥルーズはソルボンヌに在籍している。当時、ソルボンヌの哲学科では、カンギレム、イポリット、ガンディヤックらが教壇に立っていた。

＊6――本間邦雄「リオタール略年譜」、『リオタール哲学の地平』、書肆心水、二〇〇九年、三三二頁。

＊7――Jean-François Lyotard, « Nés en 1925 », *Les Temps Modernes*, no.32, 1948, pp. 2053–2057. ちなみにリオタール自身は一九二四年生まれである。

＊8――リオタールは道元の思想を高く評価しており、著書や授業でしばしば取り上げている。

＊9――Corinne Enaudeau フランスの哲学者。リオタールの長女。現在パリのジャンソン・ド・サイイ高校およびアンリ四世校の高等師範学校準備課程《カーニュ・イポカーニュ》の哲学教授を務めている。国際哲学院《コレージュ・アンテルナシオナル・ド・フィロソフィ》のプログラム・ディレクター（二〇〇一―二〇〇七年）を

務めた。主な業績として、『こことしてのあそこ――表象の逆説（*Là-bas comme ici. Les paradoxes de la représentation*）』（Gallimard, 1998）。『発信者の方法（*La méthode de l'expédient*）』（Editions Kimé, 2006. Patrice Loraux との共著）、マルクス・エンゲルスの『共産党宣言』の翻訳（Livre de poche, préfacé par François Châtelet）などがある

＊10――リオタール／小林康夫「リオタールとの対話」『風の薔薇』四号、一九八六年。

＊11――Pierre Souyri (1925–1979) レジスタンス運動に参加した後、フランス共産党（一九四二―一九四四）、第四インターナショナル、革命的民主連合等の活動に参加した後、「社会主義か野蛮か」（一九五二―一九六三）および「労働者の権力」（一九六三―一九六九）に参加。とくに中国に関する記事をピエール・ブリューヌの筆名で執筆する。

＊12――Cornelius Castoriadis (1922–1997)。ギリシャ出身の哲学者、経済学者、精神分析学者。コンスタンティノープル（現イスタンブール）で生まれてすぐに、トルコとの住民交換でアテネに移った。共産党青年組織を経て、一九四一年にギリシャ共産党に加盟。トロツキストグループに加盟し、ナチスと共産党の双方から弾圧された。アテネ大学で政治学、経済学、法学の学位を取得した後、渡仏し、経済協力開発機構（OECD）などで働いた。フランスでもトロツキズム組織に参加するが一九四八年に脱退。一九七〇年にフランスの市民権を取得し、一九八〇年には社会科学高等研究院教授に就任。

＊13——Claude Lefort（1924–2010）。フランスの政治哲学者。高校時代にメルロ＝ポンティに師事。『レ・タン・モデルヌ』誌上でサルトルと論争し、メルロ＝ポンティがサルトルと決別するきっかけとなった。「社会主義か野蛮か」の解散後は、理論活動に専念。民主主義を、世論や関心が順に交替し、権力がつねに未完成で形成途上にあるような政治体制として捉えた。七六年から九〇年まで社会科学高等研究院の教授を務めた後、レーモン・アロン政治研究センター所員。全体主義やマキャベリ、メルロ＝ポンティ、東欧圏についての研究で知られる。

＊14——« Présentation », *Socialisme ou Barbarie*, no. 1, mars-avril 1949, p. 1. 同誌の一部をオンライン上で読むことができる。http://soubscan.org/wp-content/uploads/2009/02/10-6-600.pdf

＊15——カストリアディスの立場からみたこのグループの活動については、江口幹『疎外から自治へ』（筑摩書房、一九八八年）を参照。

＊16——Jean-François Lyotard, « Préface : Pierre Souyri, le marxisme qui n'a pas fini », *Esprit*, no. 6, 1982 .pp. 11–31. repris in Lyotard, 1990.

＊17——*Ibid*..

＊18——*Ibid*..

＊19——Jean-François Lyotard, «En finir avec l'illusion de la politique (entretien)», *Quinzaine*

Littéraire, no. 140, 1972 , pp. 18–19.

＊20――*Ibid*..

＊21――リオタール／小林康夫「リオタールとの対話」、一七頁。

＊22――同所。

＊23――同所。

＊24――リオタール／小林康夫「リオタールとの対話」、一六頁。

＊25――Mikel Dufrenne（1910–1995）フランスの哲学者。現象学的美学の研究で知られる。アランに学んだ後高等師範学校に入学（一九二九）。収容所のなかでリクールと共にヤスパースの哲学を学ぶ。博士論文『美的経験の現象学』（一九五三）を提出した後、ポワチエ大学、パリ大学ナンテール校（一九六四―一九七四）で教える。一九七一年、フランス美学会会長。

＊26――リオタール／小林康夫「リオタールとの対話」、一四頁。

＊27――ただこの批判は、言説だけでなく図像《イマージュ》にもあてはまるという意味で、ドゥルーズ（この博士論文の審査員だった）が言うように記号表現《シニフィアン》全体に対する批判だと言ったほうがいいかもしれない。ジル・ドゥルーズ「評価」松葉祥一訳、『無人島 1969–1974』所収、河出書房新社、二〇〇三年。

＊28——リオタール／小林康夫「リオタールとの対話」、一七頁。

＊29——リオタール／小林康夫「リオタールとの対話」、一九頁。

＊30——Jean-François Lyotard, « La vie de Malraux doit être lue comme une recueil de légendes », *Magazine Littéraire*, no. 347, octobre 1996, p. 26.

＊31——湾岸戦争に関するヨーロッパの世論や思想家の動向については、生方淳子「ヨーロッパにとって湾岸戦争とは何か」（『インパクション』一九九一年、六九号）が詳しい。

＊32——鵜飼哲訳、「現代思想」、一九九一年五月号。

＊33——松葉祥一「リオタール批判序説——戦争とポストモダン」、『情況』、第二期二巻七号、一九九一年七月、六四頁。

＊34——リオタール「湾岸戦争はポストモダンの戦争だった」、『中央公論』、一九九一年八月。

＊35——J.-F. Lyotard, « Sur le Différand (entretien) », *Traces*, 1984, no. 11, p. 7.

＊36——浅田彰「有言無限」、『エコノミスト』、一九九一年七月二三日号、一頁。

＊37——今村仁司「リオタールとマルクス主義」、『風の薔薇』、四号、一九八六年夏、一一九頁。

＊38——Jean-François Lyotard, « En finir avec l'illusion de la politique (entretien) », *op. cit.*
＊39——*Ibid*.
＊40——Jean-François Lyotard, « La vie de Malraux doit être lue comme une recueil de légendes », *op. cit.*, p. 27.
＊41——Jean-François Lyotard, « En finir avec l'illusion de la politique (entretien)», *op. cit*.
＊42——ジャック・デリダ「リオタールと私たち」岩野卓司訳、『そのたびごとにただ一つ、世界の終焉〈2〉』所収、岩波書店、二〇〇六年。
＊43——Corinne Enaudeau, Jean-François Nordmann, Jean-Michel Salanskis, Frédéric Worms, *Les Transformateur Lyotard*, Sens & Tonka, 2008.
＊44——Frédéric Worms, « Ce que l'enfant a vu. Indication pour une lecture de Lyotard » in *Les Transformateur Lyotard*, pp. 17–25.
＊45——Alberto Gualandi, *Lyotard*, Paris, Perrin, 2009, p. 15.
＊46——現在のところ次の書誌が最も網羅的である。Gaëlle Bernard, « Bibliographie de Jean- François Lyotard », in *Les Transformateur Lyotard*, *op. cit.*, pp. 375–396.

訳者後書き

本書は、次の書の全訳に訳者解説を付したものである。Jean-François Lyotard, *Pourquoi philosopher ?*, Presses Universitaire de France, Collection : Travaux pratiques, 2012.

当時ソルボンヌ（パリ第I大学）の文学部講師だったリオタールが、一九六四年一〇月から一一月にかけて、ソルボンヌの教養課程の学生を対象に行った四回の連続講義の原稿である。出版を前提にしたタイプ原稿が残されていたが、これまでスペイン語訳は出版されていたもののフランス語としては未刊だった。本書には、このフランス語全文と、リオタールの長女で哲学者のコリンヌ・エノドーの序文が収められている。

「哲学とは何か」ではなく「なぜ哲学するのか」という問いに導かれた本書は、リオタール的な哲学入門である。それを活かすために、わかりやすい訳文と、多めの訳注を心がけたつもりであるが、わかりにくい箇所や思い違いがあれば、是非ご指摘いただきたい。同時に本書は、リオタール思想の著者自身による素描でもある。すなわちリオタールの三つの関心、「法」つまり倫理と哲学、「形式」つまり美学、「出来事」つまり歴史と政治が、本書を貫いている。第一講では哲学することと欲望の関わりがソクラテスとフロイトを通して語られ、第二講では哲学の歴史の（無）意味が論じられ、第三講では言語と詩の意味（作用）が検討され、第四講では実践として哲学がマルクスの「フォイエルバッハ・テーゼ」の再読を通じて検討される。

少々個人的な思い出を書くことをお許し願いたい。デリダも追悼文で書いているように、リオタールを思い出すとき何よりもまず浮かんでくるのが彼の微笑である。訳者が一九八四年にフランスの大学院への留学を志したとき、情報が少なかったせいで、当時のソルボンヌ（パリ第Ⅳ大学）の形而上学・存在論講座の主任教授であったピエール・ブータン[*1]に手紙を書いて指導を依頼した。ところが、渡仏してみると、彼は、かつて王政復古と民族主義を唱える『アクション・フランセーズ』の編集をしており、戦後も王党派の活動を続けている人物だということがわかった。[*2] 途方にくれて、『現象学』（一九五四）などでメルロ＝ポンティ研究があることを知っていたので、パリ第Ⅷ大学の哲学科事務室にリオタールに相談しに行ったところ、あの微笑とともに「そりゃたいへんだ」と快く指導を引き受けてもらえたのである。その後、『判断力批判』を逐語的に読む講義（『崇高の分析に関する講義』（1991a）などにまとめられる崇高研究の一環）や、高等研究資格（DEA）の論文指導、来日時に通訳を務めたときも多くのことを教えていただいた。それにもかかわらず、約束した博士論文をついに提出することができなかった。そればかりか、湾岸戦争の声明の際には批判文を書き、追悼文にも「リオタールは転向したか」[*3] と書かざるをえなかった。この拙訳と解説を、提出先を失った博士論文の代わりとして提出したい。

既訳のあるものは基本的にそれを使わせていただいたが、文脈に合わせて一部変更を加えた場合がある。事情をご賢察の上、お許し願いたい。また、少ないとは言えない誤植については、出版社から送られてきた正誤表を参考にしながら、断らずに訂正した。

本書の刊行には、法政大学出版の前田晃一さんのお世話になった。前田さんの強いお勧めがなければ、けっして引き受けなかっただろう。感謝したい。

リオタールの思想は正当に評価されていないと思う。本書を読んでいただければ、リオタールの基本的な立場が、相対主義とはほど遠いことがおわかりいただけるだろう。主著の一つ『言説《ディスクール》、形象《フィギュール》』が訳出された現在、議論の基盤は整った。本書がリオタール再評価の一助になれば、これにまさる喜びはない。

松葉祥一

＊1——Pierre Boutang (1916–1998) フランスの哲学者、ジャーナリスト。モーラス主義者、王党派、ド・ゴール主義者として知られる。高等師範学校卒業後、大学教授資格を取得すると同時に『アクション・フランセーズ』の編集部に入る。第二次世界大戦中の北アフリカでの活動を問われて、戦後一時教職から追放される。戦後も週刊「ナシオン・フランセーズ」などで、アルジェリア独立反対やサルトル糾弾などの論陣を張った。『沈黙の存在論』（一九七三）などの著書がある。ちなみにリオタールと同様「三月二二日運動」に参加し、現在『マルチチュード』誌の発行責任者を務めている経済学者のヤ

ン＝ムーリエ・ブータン、および「サルトル自身を語る」「ジル・ドゥルーズのABC」を製作し、TV局「アルテ」のプロデューサーを務めた映画監督・プロデューサーのピエール＝アンドレ・ブータンは、彼の息子たちである。

＊2――デリダは、一九七六年、ブータンの教授選出に際して、ブルデューやヴィダル・ナケらと抗議声明を出しただけでなく、『ル・モンド』紙に「魔女狩人たちはどこへ」と題する一文を寄せたり、対談で「耐えがたい人種主義」と非難したりしている。詳しくは、次の訳注を参照（「デリダとの対談・4・Ja, ou le faux-bond」鵜飼哲訳、『現代思想』、一四巻一一号、一九八六年一〇月、訳注(46)、二四四―二四五頁）。ちなみにブータンの後任はレヴィナス。

＊3――「リオタールは『転向』したか?」、『現代思想』、二六巻七号、一九九八年六月、二八―三〇頁。

著者

ジャン＝フランソワ・リオタール（Jean-François LYOTARD）

1924年、ヴェルサイユに生まれる。現象学とマルクス（そして後にフロイト）を思想的源泉とし、それらの批判的再検討を通じて政治、経済、哲学、美学など多方面にわたる理論的・実践的活動を展開し、20世紀後半のフランスを代表する思想家・哲学者として広く知られる。ジル・ドゥルーズやフランソワ・シャトレとともにパリ第Ⅷ大学教授を務め、ジャック・デリダとともに国際哲学院を設立し、学院長も務めた。1998年4月死去。邦訳された著書に、『現象学』（白水社、文庫クセジュ）、『ポストモダンの条件——知・社会・言語ゲーム』、『聞こえない部屋——マルローの反美学』（以上、水声社）、『こどもたちに語るポストモダン』（ちくま学芸文庫）、『インファンス読解』（未來社）、『リオタール寓話集』、『ハイデガーと「ユダヤ人」』（以上、藤原書店）、『言説、形象（ディスクール、フィギュール）』、『リビドー経済』、『震える物語』〔ジャック・モノリと共著〕、『異教入門——中心なき周辺を求めて』、『文の抗争』、『知識人の終焉』、『熱狂——カントの歴史批判』、『非人間的なもの——時間についての講話』、『遍歴——法、形式、出来事』（以上、法政大学出版局）などがある。

訳者

松葉祥一（まつば・しょういち）

1955年生まれ。神戸市看護大学教授。メルロ＝ポンティをはじめとする哲学思想研究と同時に、身体論、社会共同体論、臨床医学といった領域での実践を通して様々な社会問題の現場とも積極的に関わる。著書に、『哲学的なものと政治的なもの——開かれた現象学のために』（青土社）、『看護倫理』（医学書院）、『ナースのための実践論文講座』（人文書院）など。翻訳書に、ジョナサン・コール『スティル・ライヴズ——脊髄損傷と共に生きる人々の物語』（法政大学出版局、共監訳）、ジャック・デリダ『友愛のポリティックス』（みすず書房、共訳）、『触覚——ジャン＝リュック・ナンシーに触れる』（青土社、共訳）、タハール・ベン・ジェルーン『娘に語る人種差別』（青土社）、ジャック・ランシエール『民主主義への憎悪』（インスクリプト）などがある。

《叢書・ウニベルシタス　1001》
なぜ哲学するのか？

2014年3月10日　初版第1刷発行

ジャン＝フランソワ・リオタール
松葉祥一 訳
発行所　一般財団法人　法政大学出版局
〒102-0071 東京都千代田区富士見 2-17-1
電話03（5214）5540 振替00160-6-95814
組版：HUP　印刷：平文社　製本：積信堂

ISBN978-4-588-01001-9

ジャン＝フランソワ・リオタール関連書（表示価格は税別）

合田正人監修／三浦直希訳
言説、形象（ディスクール、フィギュール）
現象学と構造主義、精神分析と記号学を自在に移動しながら、言説と形象の空間における意味と欲望の生成を比類ない知性で探究した、ポスト構造主義の記念碑的作品。
七〇〇〇円

篠原資明・上村博・平芳幸浩訳
非人間的なもの 時間についての講話
人間主義が張り巡らした陰謀の網を突き破り擦り、「人間」なるものの姿を描き出す制度を擦り抜ける営みによって、人間の意識と時間を論じるとともに、絵画や音楽を語る。
三五〇〇円

山縣熙・小野康男・申允成・山縣直子訳
異教入門 中心なき周辺を求めて
論文によって論文を超克する刺激的な試み。ブロッホ、フロイト、ビュトール、ミシュレ、パスカル、孫子らの多彩な思想を紡いで異教という織布（論文）を導き出す。
二八〇〇円

杉山吉弘・吉谷啓次訳
リビドー経済
人間存在と欲動エネルギーの問題を身体論・欲望論に依拠して展開し、ポスト構造主義の思考の場へと思想史的転換を印づけた記念碑的著作。前期リオタールの代表作。
四七〇〇円

小野康男訳
遍歴 法、形式、出来事
思考は雲、思考するとは絶えず思考し直すこと――自らの思想遍歴と「社会主義か野蛮か」グループでの活動を回顧し、現代における思考・美学・出来事の論理を探る。
一九〇〇円

中島盛夫訳
熱狂 カントの歴史批判
カントの批判哲学において〈狂信〉と峻別されて重要な位置を占める〈熱狂〉の精神をポスト近代の歴史的‐政治的状況に重ねて捉えなおし、その再活性化をはかる。
一八〇〇円

陸井四郎・小野康男・外山和子・森田亜紀訳
文の抗争
存在とその営為を、〈文〉の生起・連鎖・抗争の相の下に主題化し、プラトンからカントに至るテクストを読み直す。人間主義・普遍主義を超えるポスト・モダンの思考。
四三〇〇円

原田佳彦・清水正訳
知識人の終焉
資本・国家の論理と言語＝文化の位相を捉えなおし、高度情報化社会における〈知識人＝普遍的理念〉神話の崩壊と〈知〉の自由な試みにポスト・モダンの可能性を探る。
二〇〇〇円

山縣直子訳
震える物語〔ジャック・モノリとの共著〕
高速道路、砂漠、廃墟、車、セックス、文法、民族……、哲学者による〈物語〉と画家の〈コラージュ〉が奇妙に絡み合って描き出す巨大な帝国〈アメリカ〉の寓話。
二〇〇〇円